から始める野菜

ブロッコリー（芯から）

生姜（かけらから）

枝豆（豆もやしから）

パプリカ（捨てる種から）

レンコン（スーパーのレンコンから）

ミニトマト（捨てる種から）

夏から始める野菜

爆裂種トウモロコシ（ポップコーンの豆から）

エシャレット（スーパーの１本から）

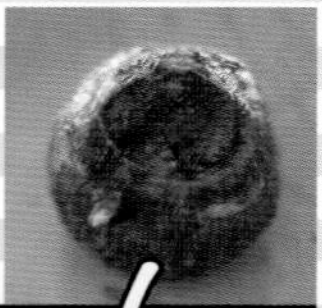

里芋（芽が出た１個から）

クウシンサイ（スプラウト数本から）

秋から始める野菜

ひよこ豆
（古い余った豆から）

ミント（茎から）

ニンニク
（芽が出たかけらから）

エンドウ豆
（豆苗の株元から）

コマツナ（根元から）

葉大根
（カイワレ大根の根元から）

リーフレタス（株元から）

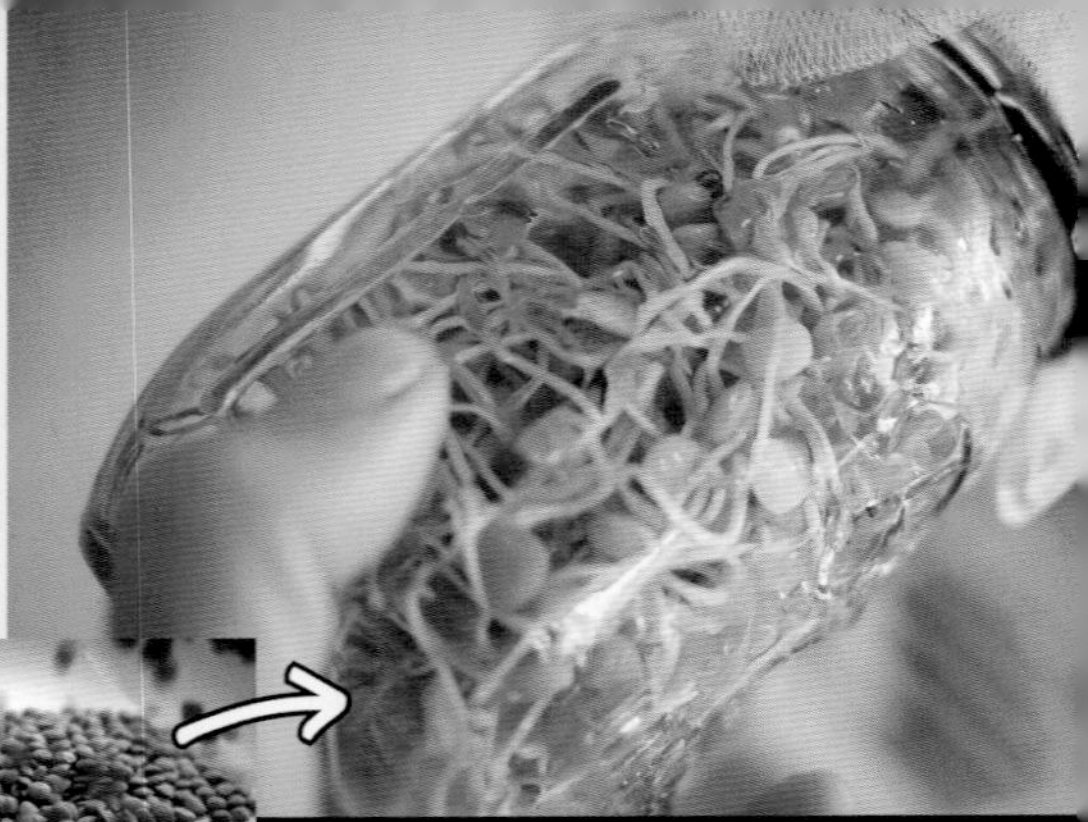

レンズ豆スプラウト（余った豆から）

冬から始める野菜

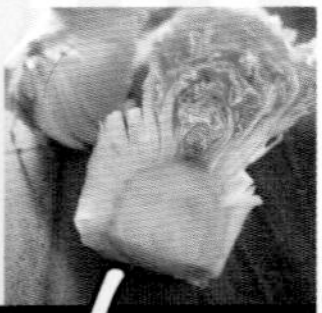

白菜（芯から）

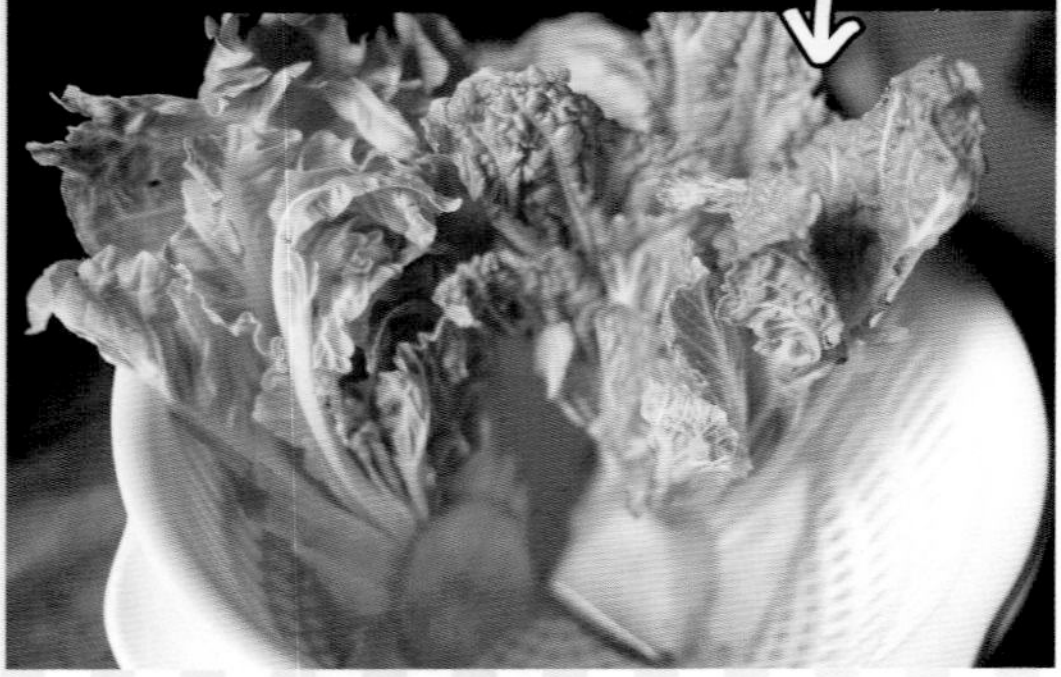

ニンジンの葉と花（頭の部分から）

観《み》て楽しい
育てて美味しい

野菜の再生栽培

大橋明子

産業編集センター

はじめに

「再生栽培」とは、苗や種を購入せずに、キッチンにある野菜の根やヘタなど、捨てるような部分を主に利用して収穫をめざす栽培方法です。私は家庭菜園を始めて20年以上過ぎ、この再生栽培にハマってから10年たちました。

収穫だけが目的ならば、買った種や苗から育てる方がずっと効率が良いです。それでも再生栽培をするのは、もったいないから……？　いいえ、いいえ。それも少しありますが、一番の理由は「観察する面白さ」からです。

きっかけは「生ゴミ堆肥」に投入した野菜クズから芽が出ているのを発見したことからでした。

1センチ角のキャベツの芯や、かき取ったジャガイモの芽などなど、思いもかけない部位から発根してたり、新芽をふいて葉を広げたり。そんな野菜の生育は見ていると本当に面白くて、その力強い姿に生命の神秘すら感じます。

また、単なる食材だった野菜が「いとしい生き物」としての存在感を増し、たとえ小さい収穫であっても、いつも以上に大切に大切に味わいたくなります（あ、もちろん大豊作になる野菜もたくさんありますよ！）。再生栽培で育てると、その野菜との関係が、ぐっと親密になる感じです。

栽培方法は通常の買った種や苗からする場合と基本的には同じですが、「再生栽培」ゆえのちょっとした違いもあります。

発芽テストをした市販の種は、数つぶほど蒔けば十分ですが、台所の野菜からとった種は少し多めに蒔いたり、事前に発根させて成功率を高めたり。追肥の頻度も、通常栽培を前提として書かれた園芸書とは違う場合があります。

そのような「私はこれでうまくいった」という方法を本書に書きました。

紹介した野菜は、簡単なものを中心にちょっと難易度が高いものも入れています。

台所にあるものからの栽培なので、気楽に実験気分で楽しんでください。

この本を手に取ってくださった方が、再生栽培の「面白さ」を感じると同時に、意外な「大豊作」にニンマリしてくださることを祈っています。

大橋明子

Contents

用意するもの ／ 栽培スケジュール 6

春から始める野菜 7

「**ブロッコリー**」の芯から栽培／「**生姜**」の余りからびっくり再生／「**パプリカ**」の捨てる種から栽培／「**枝豆**」を豆もやしから再生させる！／「**ミニトマト**」の種から収穫／スーパーの「**レンコン**」から栽培！

Column
「再生栽培とは」 32

夏から始める野菜 33

スーパーで買った「**エシャレット**」を増やしてみる／ポップコーン豆から「**スプラウト**」＆「**爆裂種トウモロコシ**」ができる！／芽が出た1個から「**里芋**」収穫／簡単おすすめ「**クウシンサイ**」

Column
「水やりの基本＆追肥について」 50

秋から始める野菜 51

「絹さや&エンドウ豆」を豆苗の株元から栽培／「ミント」の余りを増やす／「コマツナ」の根元部分から育てる／余った「ひよこ豆」から収穫する／芽が出てしまった台所の「ニンニク」から再生／カイワレ大根から「葉大根」を収穫する

Column
「ズボラ流 生ゴミ堆肥の作り方／古い土の再生」 74

冬から始める野菜 75

「レンズ豆」からスプラウトを収穫／「白菜」は芯から再生できる／根元から再生する「リーフレタス」／「根野菜の頭」に注目！

Column
「種採り」 88

各野菜には難易度レベルを「★」でつけました。
手間がかかる、栽培期間が長い、栽培工程で手入れの必要が多い（芽かき、土寄せ、支柱たてなど）、たくさん土が必要で大型プランターがいる、生育が天候に大きく左右される、ベテランであってもうまく育たない時がある……etc.
総合的に判断して★であらわしました。

★☆☆☆☆　とっても簡単
★★☆☆☆　簡単
★★★☆☆　普通
★★★★☆　やや大変
★★★★★　大変

用意するもの

プランター、
苗ポット
など容器

培養土

鉢底石＆
ネット

肥料

ジョウロ、
スコップ

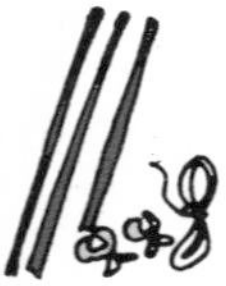

支柱、ネット、
クリップや
ヒモ等

大型のプランター以外は全て 100 円ショップで入手可能です。

底に水が流れる穴が開いていれば、プランターは何でも良いので、バケツに穴を開けたものや、洗濯カゴに土嚢袋をかけて使ったり、ペットボトル、空き缶、牛乳パックなどあるもので代用しても OK。私は苗ポットがわりに、ミニトマトが入っていたプラスチックの容器を利用したりします。蓋がついているので、寒い時期に室内で育苗する時、ミニ温室のようになり便利です。

栽培スケジュール

栽培を始めても収穫まで行き着ける、**スタートできる期間**を示しています。

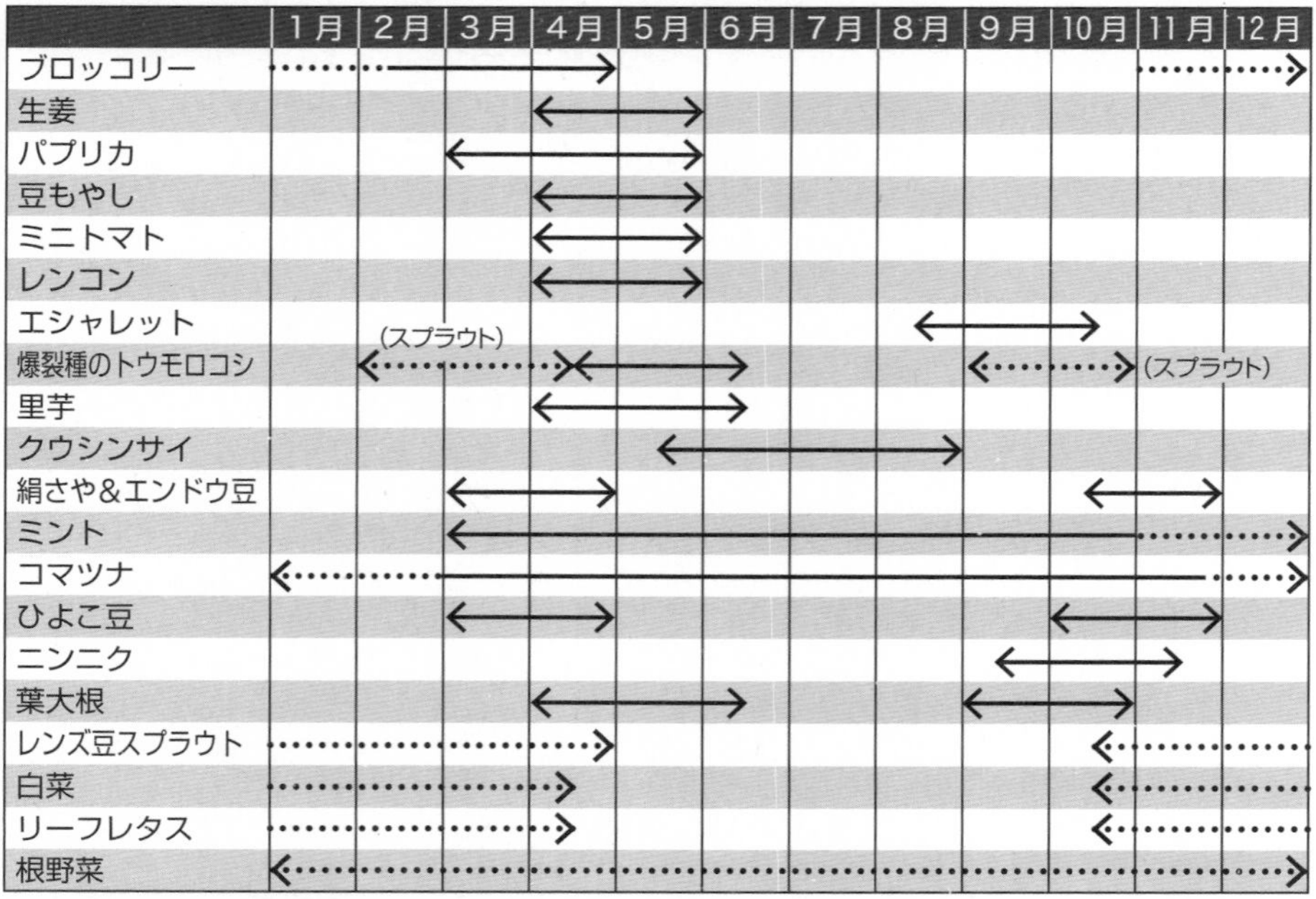
1月
2月
3月
4月
5月
6月
7月
8月
9月
10月
11月
12月
ブロッコリー
生姜
パプリカ
豆もやし
ミニトマト
レンコン
エシャレット
爆裂種のトウモロコシ
(スプラウト)
(スプラウト)
里芋
クウシンサイ
絹さや＆エンドウ豆
ミント
コマツナ
ひよこ豆
ニンニク
葉大根
レンズ豆スプラウト
白菜
リーフレタス
根野菜

※関東、関西地区の平坦地を基準にしています。
※・・・・・・・は室内で水栽培。

春から始める野菜

パプリカ

レンコン

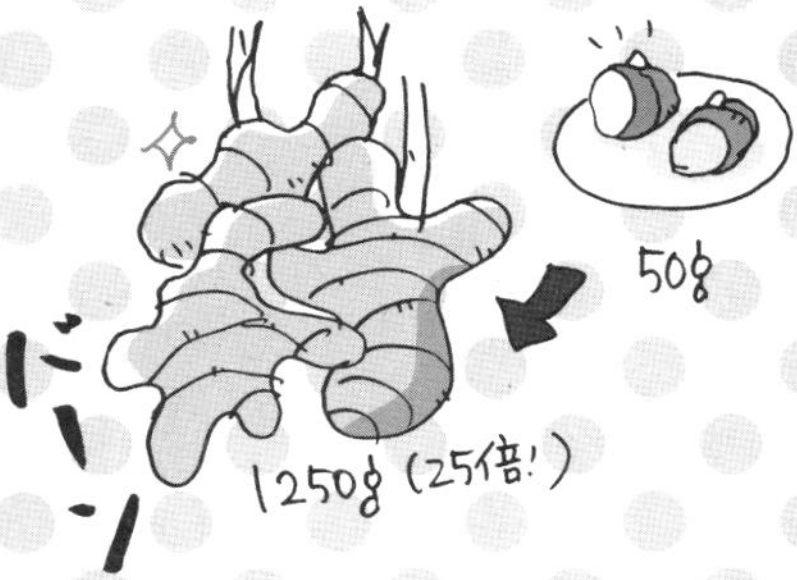

生姜

ブロッコリー

枝豆

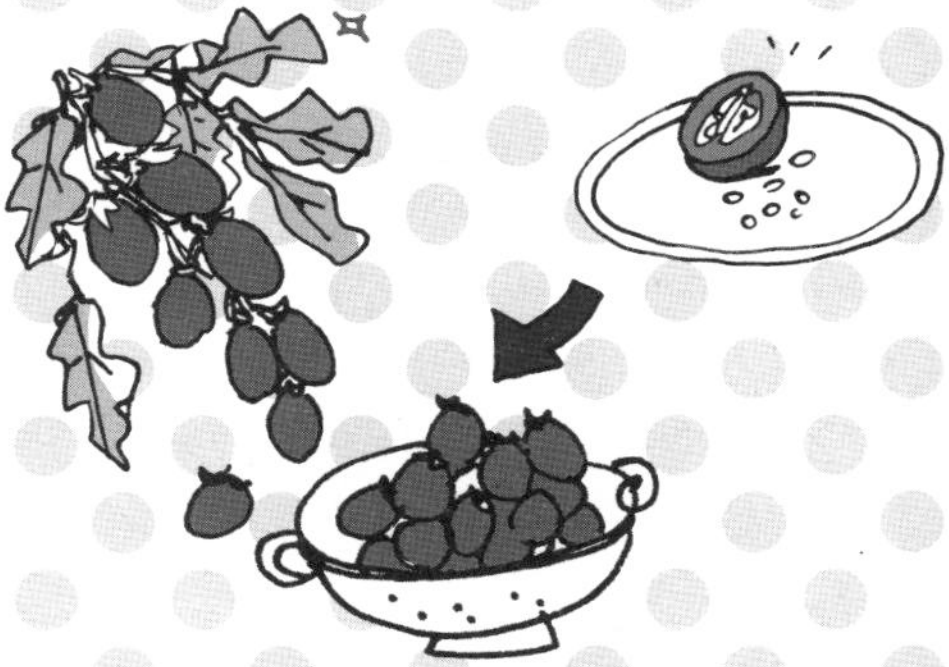

ミニトマト

「ブロッコリー」の芯から栽培

頂花蕾《ちょうからい》を食べて、残った芯の部分を水栽培し、側花蕾《そくからい》（側枝／わき芽）を育てます。土植えするとより沢山収穫できます。

1

ブロッコリーを選ぶ。
ブロッコリーには、**側花蕾が出ないタイプがあります**。葉の付け根を観察して、すでに「小さい芽の兆し」のあるもので、枝振りがよく、葉がついて軸がしっかりしているものを選びます。

2

てっぺんをスパッと切り落とす。
頂花蕾を切り落とすことで、側花蕾の成長が促されます。

野菜プロフィール

難易度レベル
★★☆☆☆

おすすめ時期：1月～4月（生育温度15～20℃）

必要なもの：容器、水／**土植えする場合**　プランター、鉢底ネット＆石、培養土、追肥料

収穫までの日数：10日～2週間

育てる環境：室内の風通しのよい明るい場所、屋外の日当たりの良い場所。

3

毎日 かえてね
水は
1cm
程度

容器に入れ、芯の底が１センチくらい浸る程度に水を入れ、毎日すすぎを兼ねて水を換えます。

4

古い茎葉は
とりのぞく

古くなって枯れた葉や枝は随時とりのぞく（ポロリと取れてくる）。

5

4
cm
くらい

脇芽が大きくなってくる。
水栽培の場合は３～４センチ程度で収穫する。

6

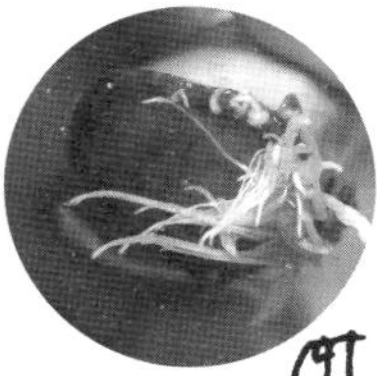

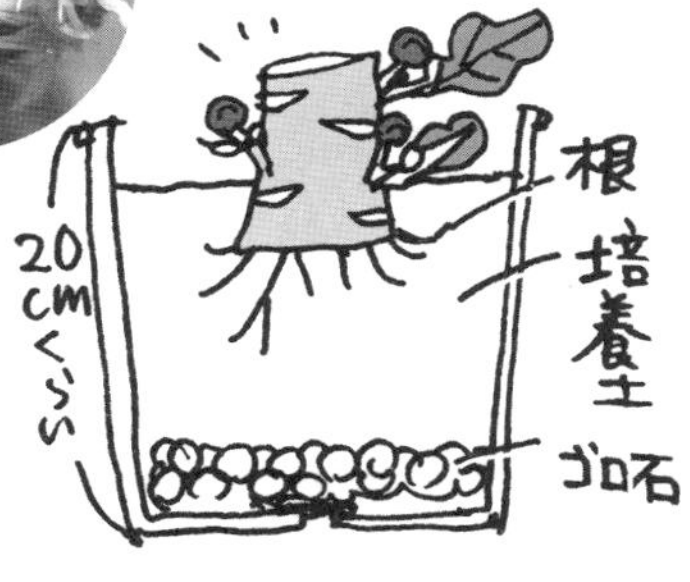
根
培養土
ゴロ石
20
cm
くらい

根が出てくれば、土植えする。
最初にたっぷり水をあげ、１週間は水は控えめにし半日陰で管理。
気温が低い時期は、空気穴を開けたビニール袋をかけて防寒をしてもいい。

7

苗がしっかり活着した後は日当たりの良い場所に移動し、土の表面が乾いたらたっぷり水やりを。追肥は液肥なら週に1度が目安。

8

土植えだと、どんどん側花蕾ができてくる。順次収穫！
気温が上がるにつれ「菜の花化」してきますが、これも美味しく食べられます。

おまけ

さらに種採りにトライ！

花をそのままにしておくと、採種もできます。

さやが完熟し、茶色っぽくなってから刈り取り、1週間くらい完全に乾かします。密閉袋に乾燥剤と一緒に入れて、冷蔵庫の野菜室で保管。

「ブロッコリースプラウト」栽培に利用してみても。

※受粉には「自家受粉」と、他の株から受粉する「他家受粉」があり、アブラナ科のブロッコリーは「他家受粉」です。種採りする場合は、2株以上を育ててください。また、交雑しやすいのでそばに他のアブラナ科野菜（小松菜、白菜、キャベツ、ルッコラなど）をおかないように。

最初の収穫はちびが3個

貴重な小さい収穫を大事に味わう幸せ!
いつものグラタンにのっけたり
キャー
かわいいー
「茶碗蒸し」に1個ずつ入れて、みんなで分け合って食べたり。
土植え後、収穫が遅れて菜の花風になったブロッコリーも
あっうっかり…
辛子和えや炒めたりで美味しく食べられます。
毎日2、3個の収穫のミニトマトなども、順次冷凍貯金して、たまってからパスタのソースにしたり。
たまってきたわ〜
うしし…
パプリカやコマツナの葉も生で冷凍できるので、刻んで保存袋に入れておくと便利です。

「生姜」の余りからびっくり再生

芽が出かかっている「小さいかけら」から大量収穫！

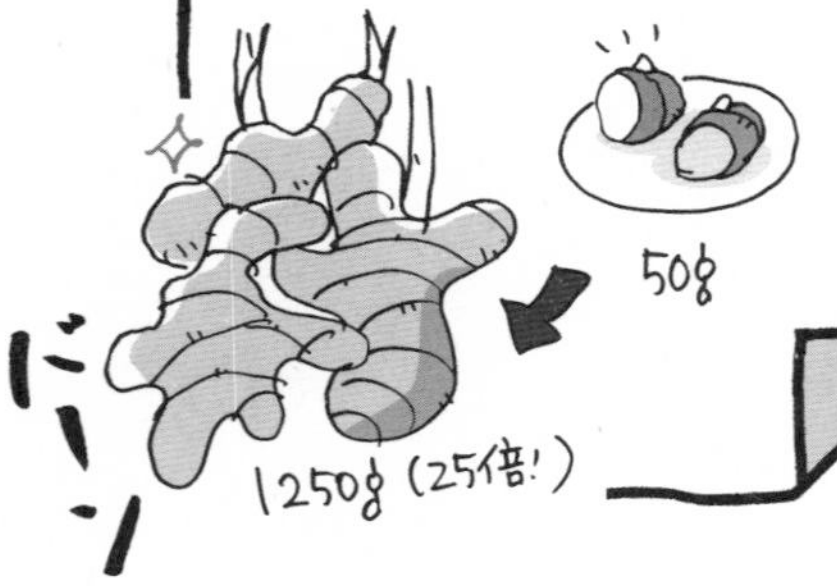

野菜プロフィール

難易度レベル
★★★☆☆

おすすめ時期：4月～5月（発芽温度 18℃／生育温度25～30℃）

必要なもの：プランター、鉢底ネット&石、培養土、追肥料

収穫までの日数：葉生姜3カ月／根生姜7カ月

育てる環境：屋外の日当たりの良い場所（強い光を嫌うので夏は半日陰へ）。

1

生姜を２片くらい用意。
ぷちっと芽の兆しがある部分を切り分ける。３センチ角くらいあれば大丈夫。

2

１日ほど切り口を乾かす。

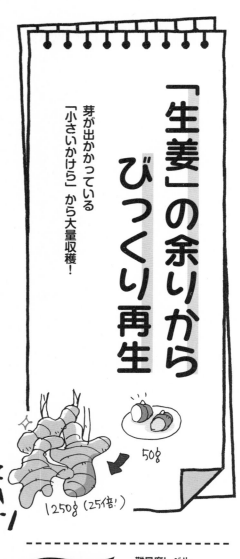

3

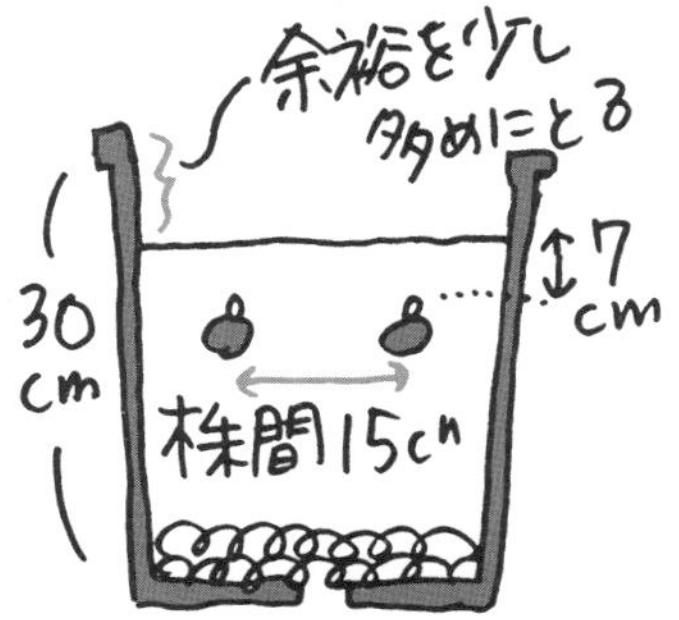

深さ30センチ程度のプランターに芽を上にして植え、水をたっぷりやる。その後芽が出るまで日陰で管理する。土が乾いてきたら水をやる。

4

発芽まで1カ月半くらいかかる。
乾燥が苦手なので、水やりに注意。強い直射日光を避けて管理。

5

発芽後1カ月目から一月毎に追肥を。頭が出てくるので3～5センチほど増し土をする。

6

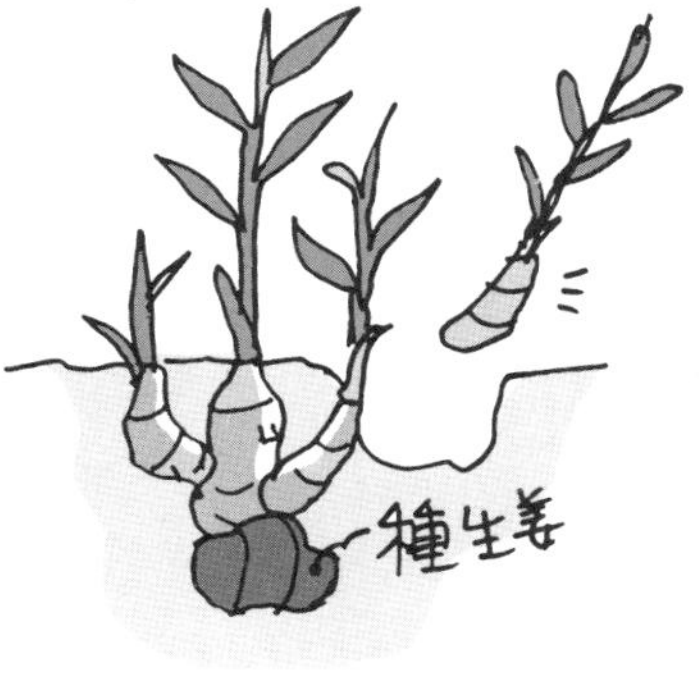

夏に本葉が8枚くらい出た頃に、早採りで「葉生姜」を収穫可能。ただ「根生姜」を収穫するなら取りすぎないように。

7

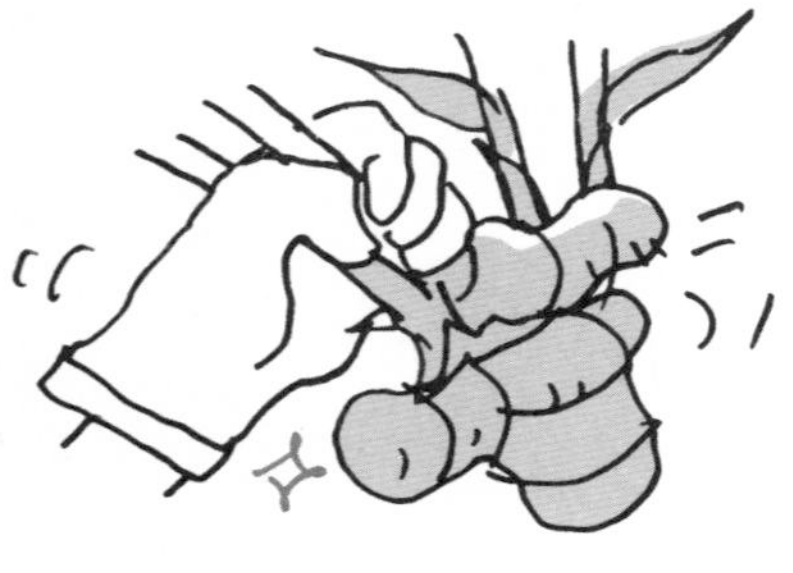

11月頃、葉が少し枯れかかった頃が収穫期。
軍手などをはめて丁寧に掘り起こす。

【保存】

収穫したら、風通しの良い場所で十分に乾かしてから、新聞紙などに包んで保存。

短い期間であれば、土の中で保存し食べる分ごとに収穫することも可能です。

おまけ

ウコンの再生栽培

同じショウガ科である「ウコン」も生姜と同じように再生栽培が可能です。

春ウコン、秋ウコン、紫ウコン（ガジュツ）などの種類がありどれも優れた薬効があります。

大きい葉が出て、苗丈も1メートル以上になります。

ウコンにこんな花が咲くなんて！花言葉は「乙女の香り」だそう。

大量です。お得感あり！スライスして天日干しして「ウコンパウダー」を作り保存。生ですりおろして薬味にも。

たっぷりの収穫は甘酢漬けで

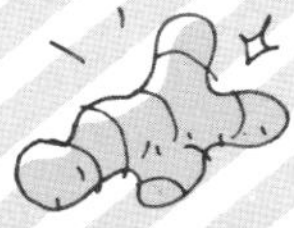

新鮮で白く美しい新生姜！まずは…

いい香り〜♥

とれたてはやっぱり新生姜ごはんよねぇ！

たくさんあるので、オススメは「新生姜の甘酢漬け」。長期保存が可能です（冷蔵庫で1年目安）。

〈作り方〉
(1)
生姜200gをスライサーなどで繊維に沿って薄くスライスする。
(2)
酢＆水＆砂糖を各カップ1/2、塩大さじ1/2を鍋で一煮立ちさせ、火を止めたら、
（1）を加えて冷まし、消毒した容器に入れる。
ホームメードは最高!!
長期保存可能なのですが…美味しくて
1カ月で食べ終っちゃった…
カラ…

「パプリカ」の捨てる種から栽培

花がついた場所から枝分かれして大株になります。「とれたて」は格別！

1

1度中へ押し込むと
ムダなく
とれる！

種をばらし4～5日くらい乾かしておく。

2

4号
ポット

苗ポットの土を十分湿らせ、種を重ならないようにバラまきにして、土は5ミリほどかける。多めにまくと良い。

野菜プロフィール

難易度レベル
★★★☆☆

おすすめ時期：3月～5月（発芽温度20～30℃／生育温度 20～30℃）

必要なもの：プランター、鉢底ネット&石、培養土、追肥料、苗ポット

収穫までの日数：6カ月

育てる環境：屋外の日当たりの良い場所。

3

双葉が開いた頃から順次間引きをする。生育の良いもの１本にし、しっかりした大苗にする（育苗期間は約２カ月間が目安）。

4

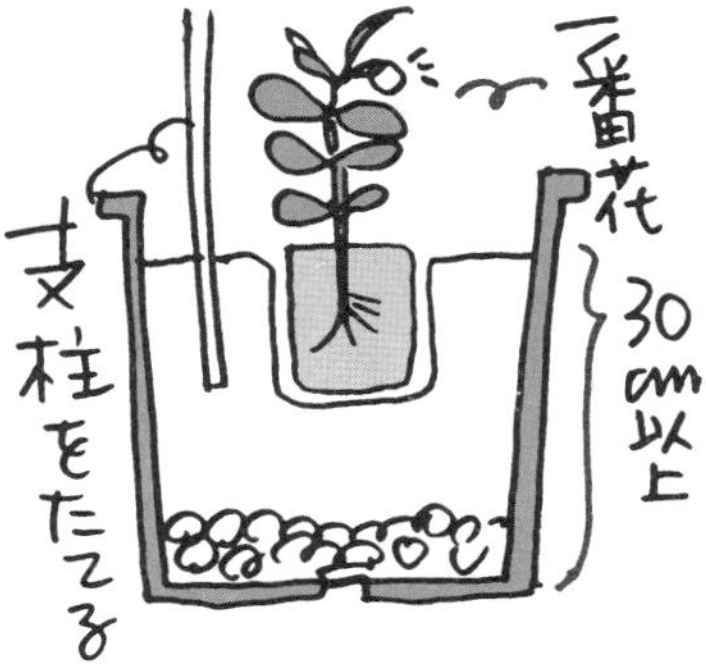

最初の花のつぼみが膨らみかかった頃、深さ30センチ程度のプランターにネット＆鉢底石、培養土を入れ植えつける。

5

株の負担をなくすため一番果（最初の実）は早めにとる。この頃から追肥を。液肥なら週１回程度。肥料切れしないように。

6

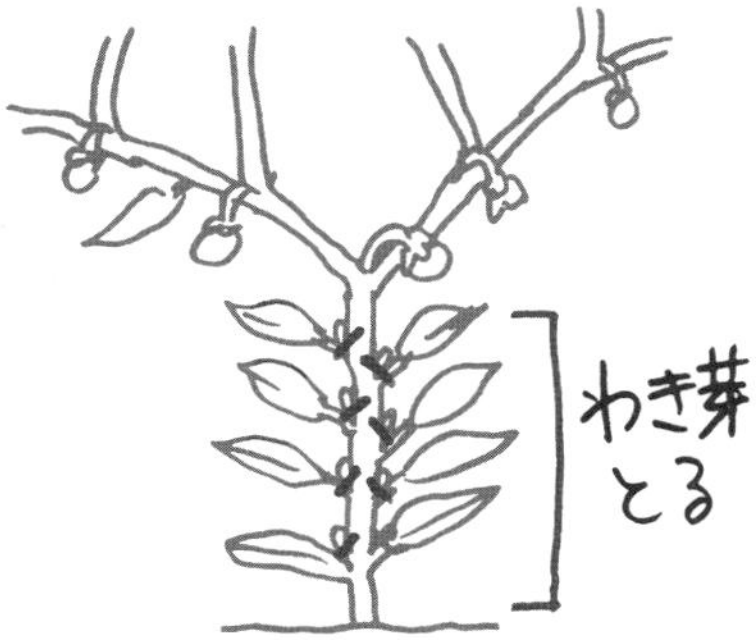

一番果の下の脇芽は取り除く。
混み合ってきたら、株の内側に伸びているもの、着果しない貧弱な枝を適宜に整理する（実のすぐ近くの葉は収穫するまでとらないように）。

7

まだらになりながら赤くなる
様子。

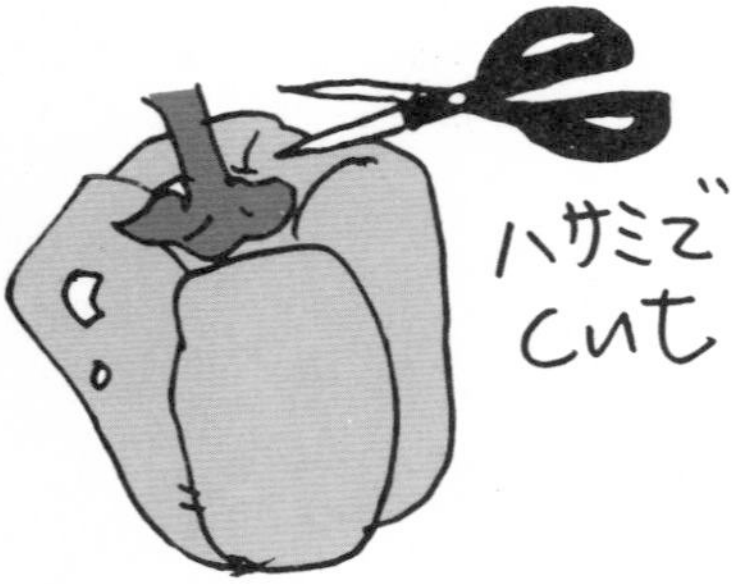

開花後約60日で収穫できる。緑から茶色〜暗めの赤と部分的にムラになりながら着色する。じっくり待って完全に赤くなってから収穫を。

おまけ

赤ピーマンも同様に育てられますが、未熟果の緑のピーマンは、発芽しづらいです。

緑のピーマンを収穫したい場合は、赤ピーマンの種から育て早どりする手も！　パプリカも逆に若どりの緑色で収穫しても美味しく食べられます。

赤ピーマンの栽培は、パプリカよりひと回り小さいプランターで大丈夫（深さ25センチ程度）。

花が落ちて実がつかない時は

切れ間のない長い梅雨と突然の高温という気候で株にストレスがかかったのか
ポロ
あれー!…
せっかくついた花がパラパラと落ちてしまった…
花が落ちてしまうストレスの主な原因は
○
雌しべが長い(良い状態)
×
雌しべが短い(ストレスMAX)
❶肥料不足(または肥料過多。この場合は葉が旺盛に暴れるように茂っている)。／栽培期間が長く、大株に育つパプリカは肥料切れにならないように注意。
❷多湿を嫌いますが、乾燥(水不足)に弱い。／マルチングする(土の表面をワラやフィルム等で覆う)と良い。
❸日照不足。／適宜整枝をして、枝の内部にも日光をよく当てて育てる。
夏の終わりに近づいて、やっと無事に実がつくように復活しました。

よかった〜!!

その年どしの天候はどうすることもできないけれど、花は次々に咲くので、ストレスさえ除かれれば、必ず復活してくれます。

「枝豆」を豆もやしから再生させる！

市販の「豆もやし」と「余った乾燥大豆」から育てられます。

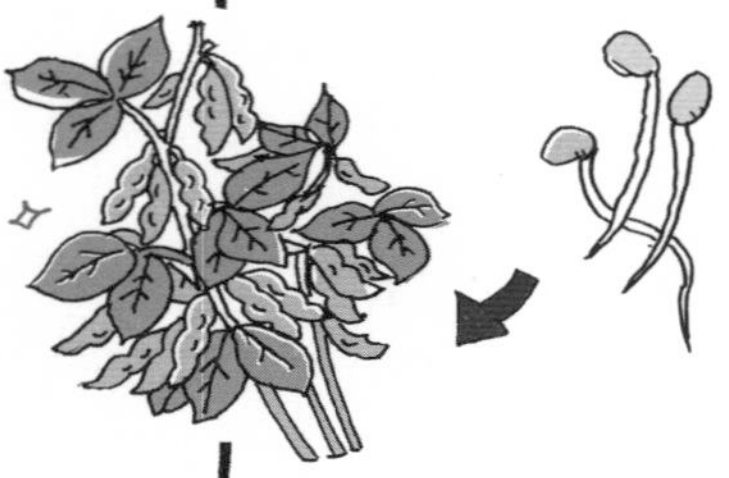

1

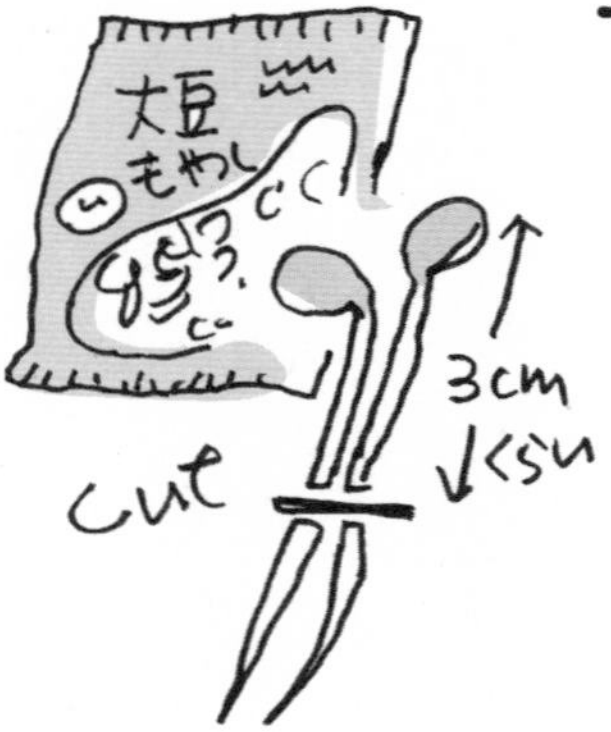
大豆
もやし
3cm
くらい
cut

「市販の大豆もやし」の場合は少しカットし３〜４センチくらいにしたものを用意する。

2

ホイル
毎日すすぎと水替え
空気穴

「乾燥大豆」からの場合は豆もやしにする。一晩水につけ、翌日から豆が触る程度の水を入れ、空気穴を開けたホイルで光を遮る。
毎日こまめにすすぎ＆水換えをする。
５日くらいで大豆もやしになる。

野菜プロフィール

難易度レベル
★★★☆☆

おすすめ時期：４月〜５月（発芽温度 25℃／生育温度 20 〜 30℃）
必要なもの：プランター、鉢底ネット＆石、培養土、追肥料、苗ポット
収穫までの日数：4カ月
育てる環境：屋外の日当たりの良い場所。

3

豆の頭が見えている程度に土を入れる。
4号ポット

苗ポットに３～４本くらいずつ植えつける。豆の頭が見えるくらいの深さに植える。水をたっぷりやりその後は根がつくまで日陰で管理（鳥に食べられないよう注意）。

4

しっかり根がつき、新しい葉が出てきたら間引きをして生育の良いもの２本にする。日当たりの良い場所で管理。

ポイント

- 枝豆は若苗で植えるのが基本。大きくなると根つきが悪くなるので注意。
- 根が傷みに弱いので、丁寧に植えつける。

5

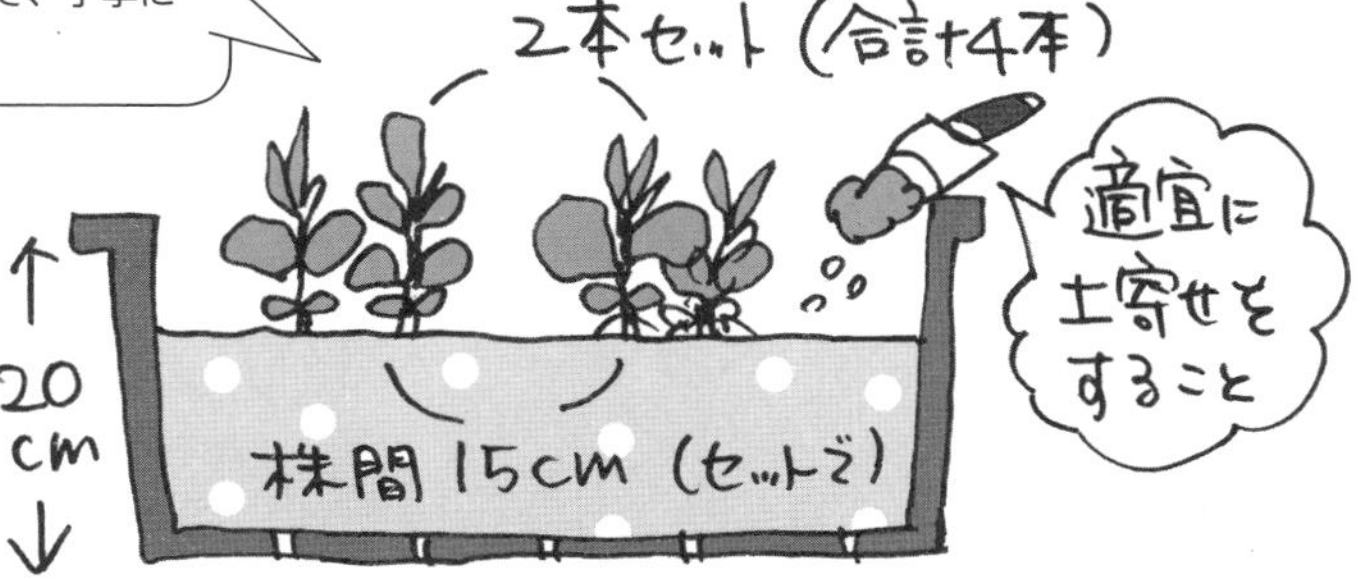
2本セット（合計4本）
適宜に土寄せをすること
20cm
株間15cm（セットで）

約１カ月後、本葉が３枚開いたら２本を１組でプランターに植えつける。
花が咲くまで成長に合わせて土寄せをする。倒れるのを防ぎ、根はりがよくなる。

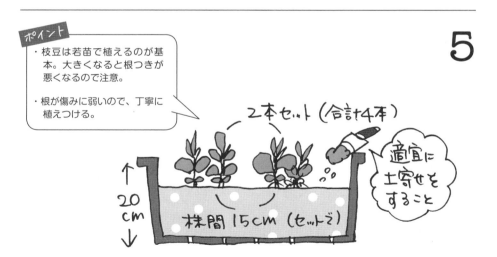

6

花がついたら、追肥を開始。液肥なら週に１度。
根が浅く張るので、乾燥に注意する。
茎が細い場合は支柱を１本立てると良い。

7

苗を植えつけ後、60～80日を目安に収穫する。さやが十分ふくらんだ頃。
収穫したらすぐ食べると良い。
晩秋までそのままでサヤを茶色くカラカラにすると大豆も収穫可能。

本葉が開いた
植えつけ時期の苗。

おまけ

枝豆の前半の生育過程

子葉《しよう》が開いた後、形が違う2枚の初生葉《なまは》が出て、その後本葉《ほんよう》3枚が組みで出てきます。

子葉は、本葉が光合成を始めるまで、成長のための栄養を供給しています。

鳥の大好物なので注意。寒冷紗などでカバーしても。

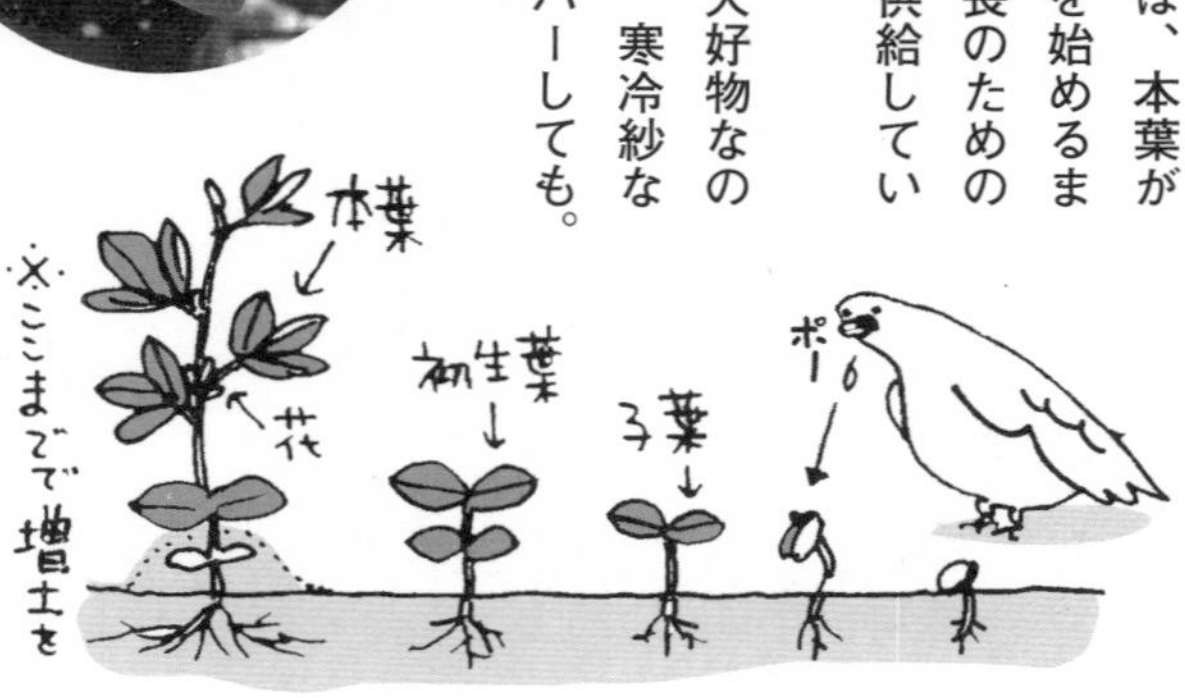

やや小粒ですが、とれたては最高

再生栽培の枝豆は、通常の栽培に比べて若干小粒になったり、収穫量が少なめになります。

再生栽培
ちんまり…

（通常の栽培）

でも、とれたては最高。

小さい収穫だからこそ、大事に大事に味わいたくなります。

しみじみ
エダマメと豆腐の塩こうじ和え
恵みに感謝…

ハサミでカットしながら、十分に膨らんだ順に収穫しても。

通常栽培で中・晩生種は「摘芯」すると収量が増えると言われますが、再生栽培の場合は、摘芯はナシで放任で育てます。

「ミニトマト」の種から収穫

家庭菜園の王道。
トマトは発芽力が抜群。頼もしいお野菜。

1

取り出した種を茶漉しなどですすぎ（周りのゼリー質には発芽抑制物質が含まれる）、数日ほど乾かす。

2

土を十分に湿らせてから苗ポットに「多め」にまき、土は5ミリ程かける。4〜5日は水はやらないで日陰で管理（もし乾燥したら霧吹きで濡らす）。

野菜プロフィール

難易度レベル
★★☆☆☆

おすすめ時期：4月〜5月（発芽温度20〜30℃／生育温度 20〜25℃）

必要なもの：苗ポット、プランター、鉢底ネット＆石、培養土、追肥料

収穫までの日数：4〜5カ月

育てる環境：屋外の日当たりの良い場所。

3

１週間程度で発芽する。順次間引きをし、日当たりの良い場所で管理する。本葉が４枚くらいで、グンと伸びてきた元気のいいのを１本残す。

4

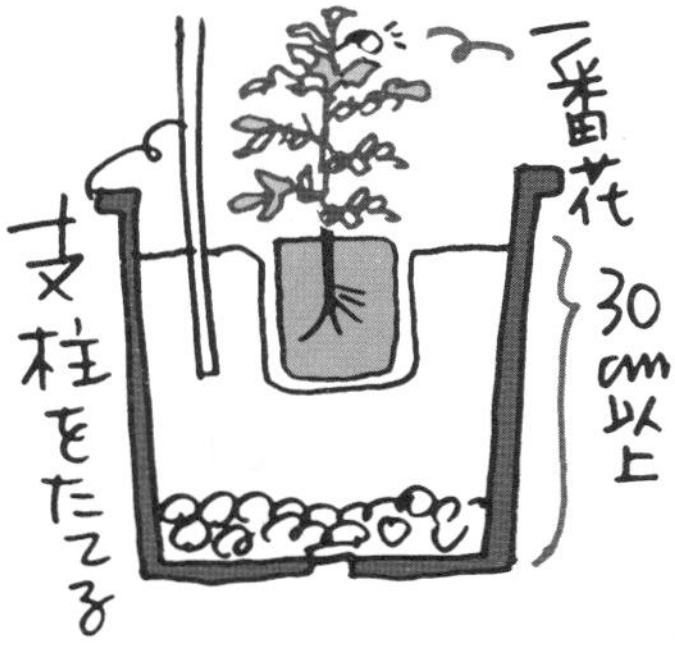

花芽がついた頃を目安に（種まきから約1カ月半〜２カ月後）、深さ 30センチのプランターに植えつけ、支柱を立てる。

5

脇芽はとる。最初の実が膨らんできた頃から２週間に一度追肥をする。トマトは多湿を嫌うので、水やりは、土がしっかりと乾いてから。

6

花芽先の貧弱な花を摘み、全体量を少し減らすと良い実ができる。

7

ミニトマトの種を植えたのに、ミディトマトが混ざって育ちました。
３株に１本くらいこういうことが起こります。再生栽培ならではのハプニングです。
個性が炸裂ですね（笑）。

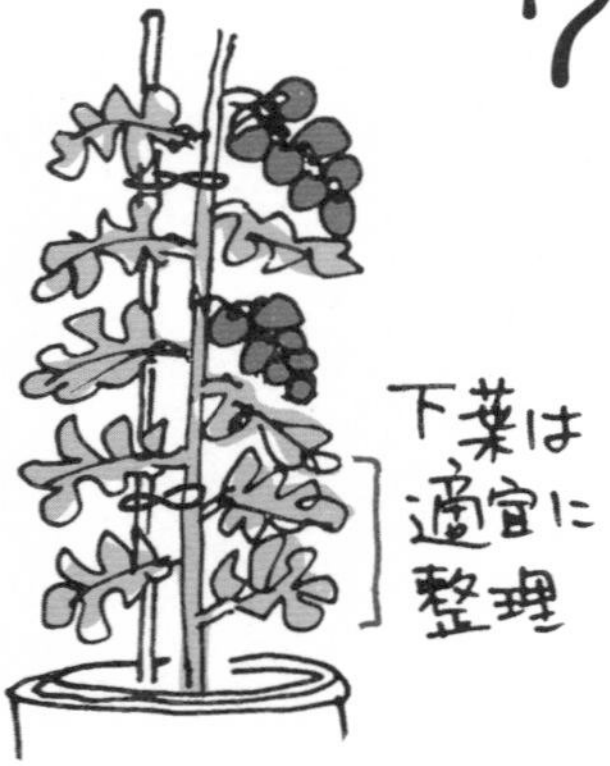

十分赤くなったものから順次収穫する。
実を育てるのは、そのすぐそばの葉。収穫したトマトの下の葉は不要なので葉が混み合っていたら取り除く。

おまけ

満月と種まき

種まきは、満月に向かっている数日前が適していると言われています。

地下水が上がって種が給水しやすいことに加え、満月の時は太陽と月の引力が均衡しており、そのことで根がしっかり張るのだそうです。

ウミガメの産卵なども満月が一番多いのだとか。生き物すべて、月の動きと連動してるんですね。

朝夕とまだ気温が低いうちは、土の上にマルチングをし、ポリ袋に空気穴を開けたもので「ミニ温室」を作ってあげると良いです。

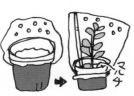

個性に合わせて調理する

再生栽培のミニトマトは
通常のミニトマトと違い
とても甘いものもあれば…
個性あふれるアートねぇ♥
味が濃く
やや酸味が強いものが
できることも。
そんな時は、
トマトの個性に合わせて
煮込みソースにしたり、
セミドライトマトにするのが
おすすめです。
トマトソース
セミドライトマト
オイル漬け
ドライトマトといえば、
市販の「サン・ドライ
トマト」の種からも
再生栽培が可能です。
Sun Dried TOMATO
発芽力は
やや低くなりますが
余っていたら
お試しを！

スーパーの「レンコン」から栽培！

芽がついていたら、チャレンジ！
立ち葉の出てくる様子は、観察冥利につきます。
冬が旬の野菜ですが、生育には高温と直射日光が必須。

1

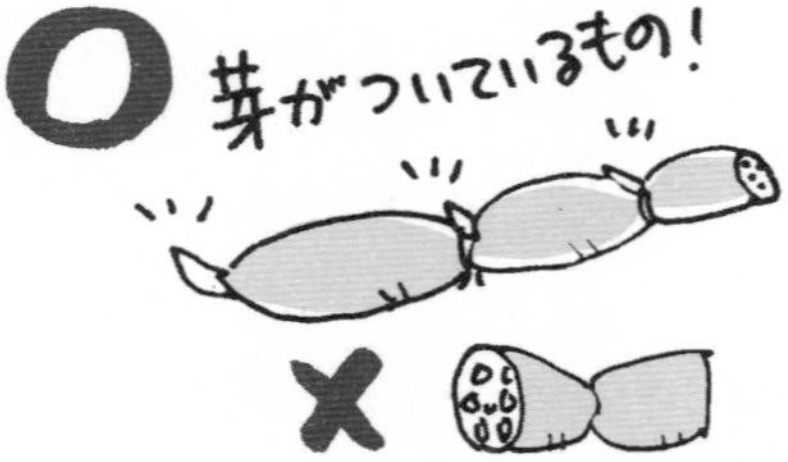

芽があるレンコンを用意する。
先端から発芽しかかっていて（頂芽）、できれば２節以上あるものを使う。
葉が何枚か出る前の生育初期は、このレンコン本体の栄養で成長する。

2

節の部分が少し水に触れているように容器に入れ、水栽培して発芽を見守る。
水は毎日取り換える。レンコンは地下に育つ茎（地下茎）。根は土植え後にこの節のところから出てくる。

野菜プロフィール

難易度レベル
★★★★★

おすすめ時期：４月～５月（生育温度25～30℃）
必要なもの：プランター、鉢底ネット＆石、赤玉土、固形肥料、容器、水
収穫までの日数：８カ月
育てる環境：屋外の「特に」日当たりの良い場所。

3

いきなり大きいプランターに植えつけずに、直径30センチ程度のバケツで「仮植え」し様子を見て、上手に葉が出てきたら、本格的に植え替えする。

4

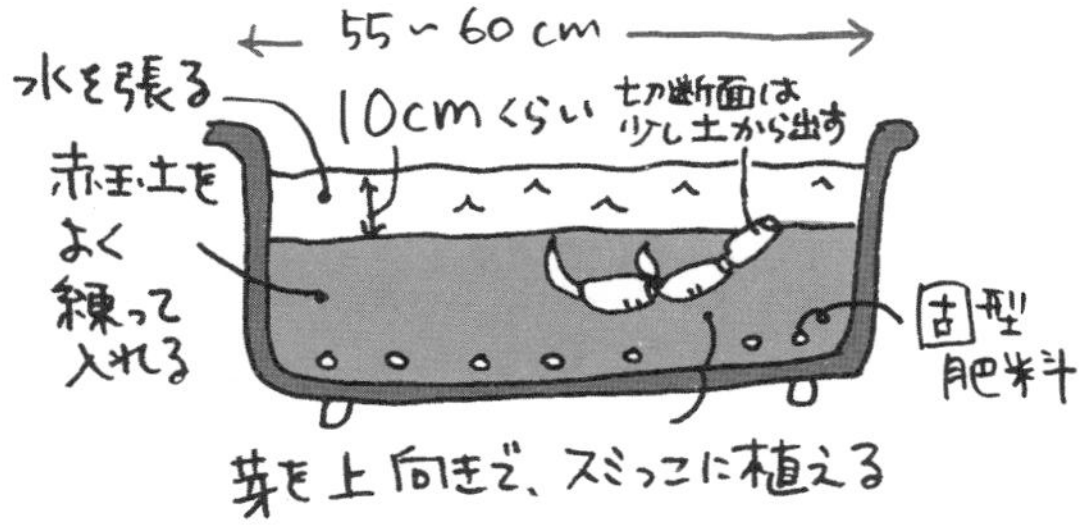

水を貯めて育てるので「栓をふさげるタイプ」の大型プランターを用意。12号くらいの丸型プランターでもOK。泥状によく練った赤玉土を20センチ入れ、緩効性の固形肥料を元肥として埋め込む。

5

10センチほど張った水をホースで静かに溢れさせるようにして、50％くらい入れ替わるように1～2週間毎に水換えをする。

6

気温が上がるにつれ「浮き葉」が次々に出てくる。
水切れしないように、こまめに確認して水位に注意をする。

7

7月頃になると「立ち葉」が出てくる。追肥は立ち葉2～3枚の頃と5枚頃に緩効性の固形肥料を埋め込めむ（レンコンに肥料が触れないように）。
最後に草丈の短い「止葉」が出て、茎葉の生育期が終わり、地下では本格的にレンコンの肥大が進む。

8

10月下旬～12月頃に地上部の葉が枯れた頃が収穫期。水を抜いて掘り起こす。
すぐに食べない場合は、泥付きのまま新聞紙に包んで、ビニールに入れ冷蔵庫で保存すると1～2週間はもつ。

おまけ

おもしろ野菜レンコン

レンコンの断面の穴は空気の通り道です。この穴で地下部分と地上部分でガス交換をしています。

「象鼻杯／ぞうびはい」という遊びがあり、蓮の葉の中央へそ部分に2、3個穴を開け、お酒を注ぎ葉柄をストローのようにして飲むそう（飲む時に象が鼻をあげてる様子に似ているのでそう名付けられたそうです）。

ただ、スペースが限られたプランター栽培で立ち葉をとると、地下のレンコンの生育に影響します。葉がたくさん出て混み合っていたり、少し傷んだような「小さい病気が出た葉」を取り除く時などにぜひお試しください。葉の数は品種によりますが、順調なら一株から8枚～13枚が目安です。

大きな立ち葉もゴージャス！

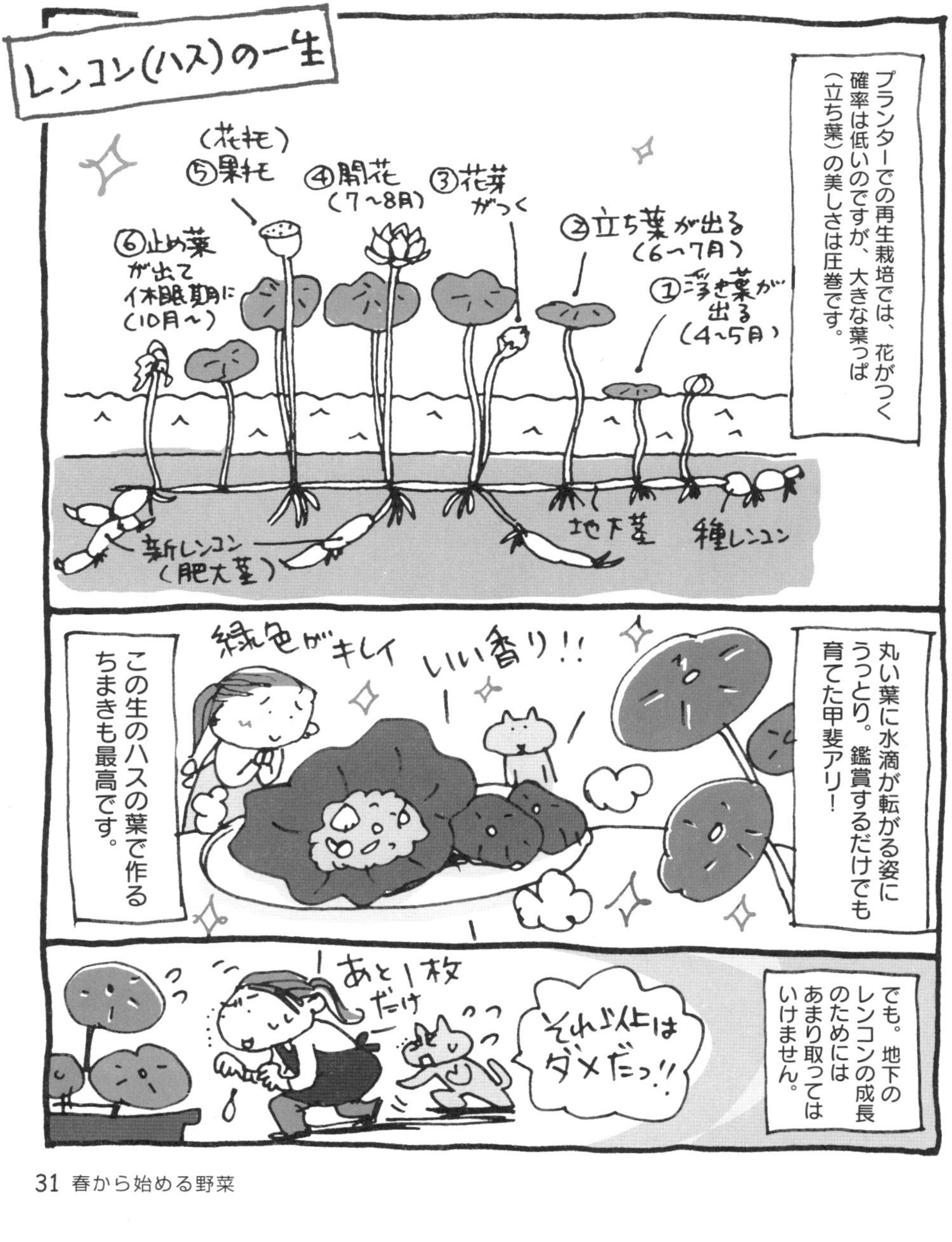
レンコン(ハス)の一生
プランターでの再生栽培では、花がつく確率は低いのですが、大きな葉っぱ（立ち葉）の美しさは圧巻です。
①浮き葉が出る（4〜5月）
②立ち葉が出る（6〜7月）
③花芽がつく
④開花（7〜8月）
⑤果托（花托）
⑥止め葉が出て休眠期に（10月〜）
地下茎
種レンコン
新レンコン（肥大茎）
丸い葉に水滴が転がる姿にうっとり。鑑賞するだけでも育てた甲斐アリ！
いい香り!!
緑色がキレイ
この生のハスの葉で作るちまきも最高です。
でも。地下のレンコンの成長のためにはあまり取ってはいけません。
あと1枚だけ
それ以上はダメだっ!!

Column

再生栽培とは

台所にある野菜の捨てるはずの部分などから育てる再生栽培。栽培のスタートになっている買ってきた野菜らは、ほとんどが異なる形質を持った野菜をかけ合わせた「一代限り」の交配種。「F1 種」と呼ばれるものです（それと反対に、代々受け継がれてきた形質が固定したものが「固定種」)。

異なる性質の植物を掛け合わせると「メンデルの法則」で1代目は親の性質の良い部分が出て、品質もそろいますが、その次の世代は元の親の性質がランダムに出ます。全てではありませんが基本的に再生栽培とは、この F1 種からの栽培なので、通常の栽培とはちょっと違う野菜ができる時があります。

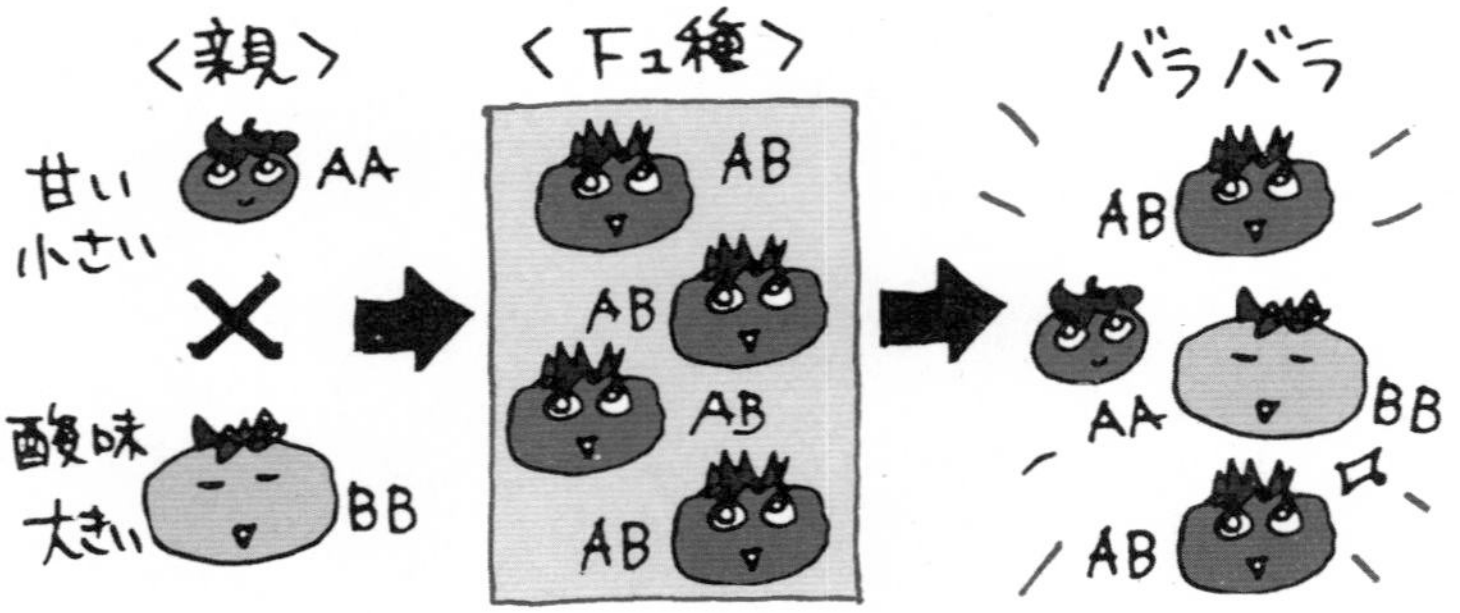

私の経験だと、ミニトマトを植えたのに、ミディトマトが混じったり（P26 写真参照)、味もバラエティーにとんでいます。赤ピーマンの種をまいたのに、オレンジと黄色が混じっていたことも！　コマツナは、種をとって栽培するのではなく、根元を生かして栽培するのですが、なぜか売っていた軸の長い元の形ではなく、短いチンゲンサイのように育ちます（でも味はとっても美味しいです)。野菜によっては収穫量や大きさがやや小さめになることもあります。でもそれもこれも再生栽培の楽しさかなぁと思っています。

何が飛び出すかわからない面白さ！　まさに実験気分ですね。思いのほか、生命力あふれる美味しい野菜が収穫できます。

夏から始める野菜

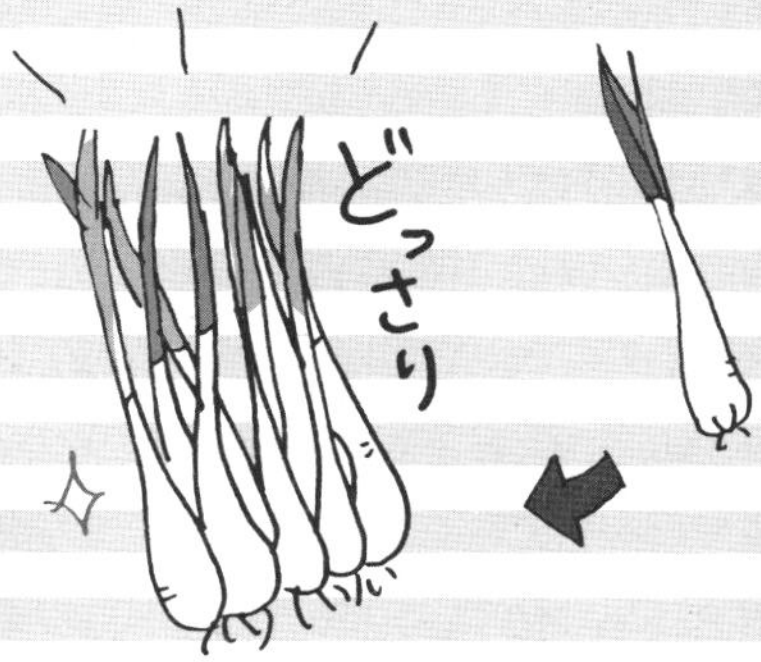

エシャレット

里芋

爆裂種トウモロコシ

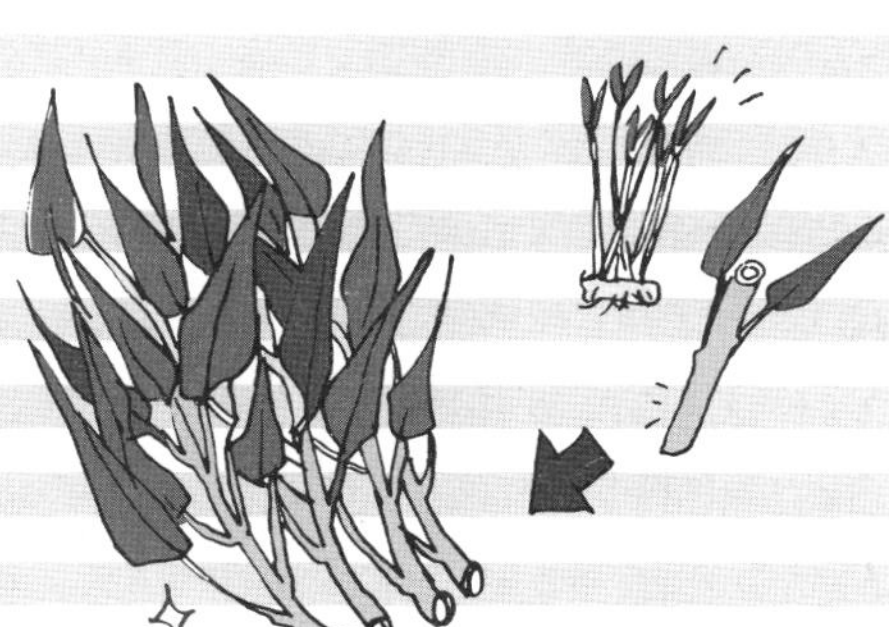

クウシンサイ

スーパーで買った「エシャレット」を増やしてみる

ラッキョウの若どりであるエシャレットは、驚くほど増えます。病害虫に強く栽培初心者さんにもおすすめ。

1

葉がついていたら、カットして食べる。根元を 5～6センチ少し水に触る程度につけて発根させる。

2

この間の水栽培で葉ネギの再生栽培のように薬味として収穫を楽しむことも可能。

野菜プロフィール

難易度レベル
★☆☆☆☆

おすすめ時期：8月下旬～ 9 月（生育温度 20℃）
必要なもの：グラスなどの容器、水、プランター、鉢底ネット&石、培養土、追肥料
収穫までの日数：6カ月
育てる環境：屋外の日当たりの良い場所。

3

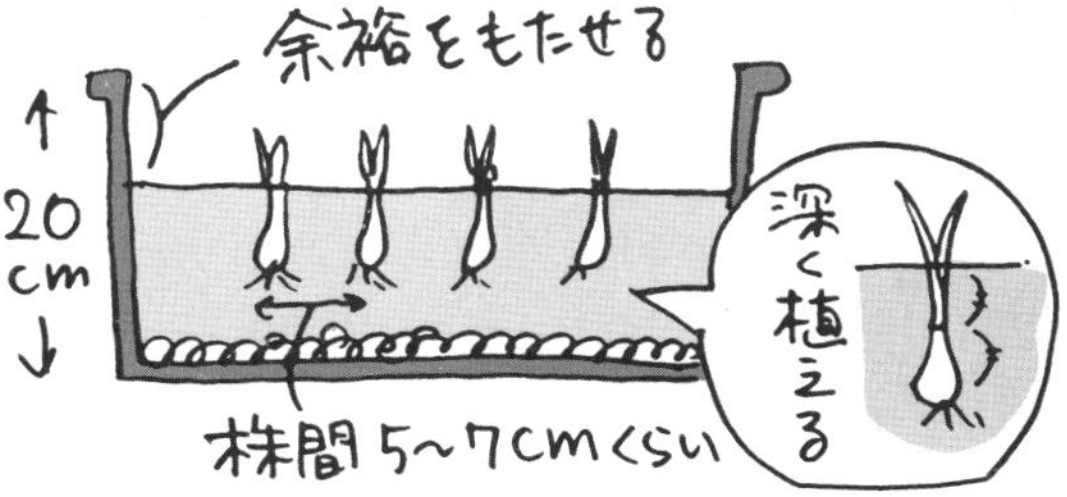

深さ20センチ程度のプランターに鉢底ネット＆鉢底石、培養土を入れ植え、水をたっぷりやる。
その後水やりは１週間程度不要。新芽が出るまで日陰で管理。

4

多湿を嫌うので、水やりは表面が十分に乾いてから。
植えつけ２カ月後と翌年２月に追肥をする。

5

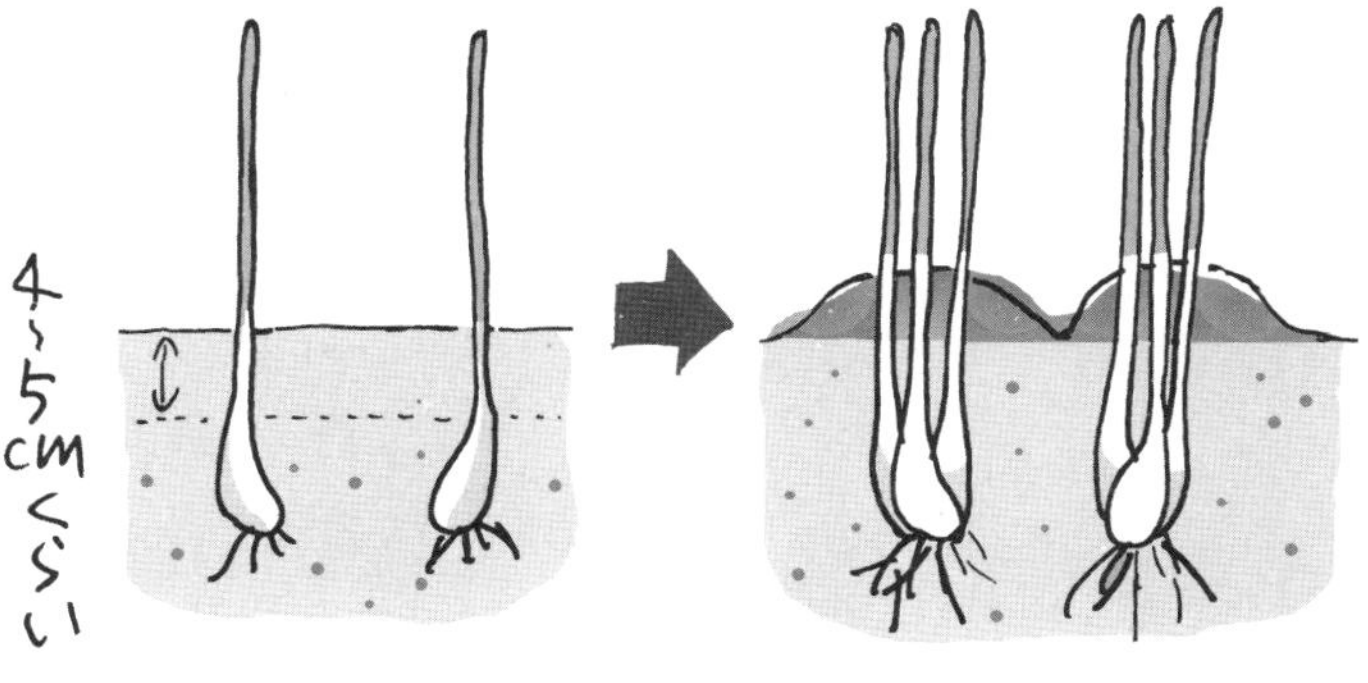

10～11月頃から成長に合わせて随時、増し土をする。
この土寄せをすることで、光をさえぎり可食部である白い部分を増やす。

6

11月になると可愛い花が咲くが、養分を取られるので地下のエシャレットを充実させるために、早めに刈り取っても良い。

7

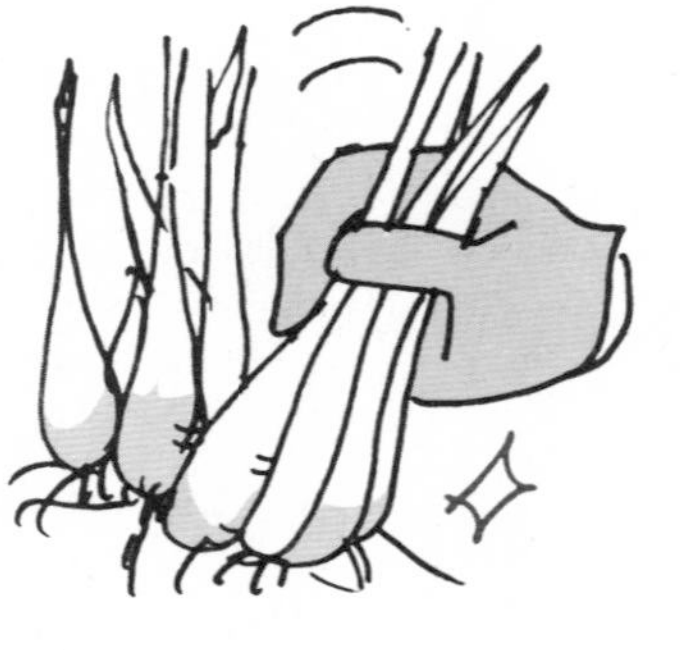

冬ごえさせて、翌年の2～5月頃を目安に収穫する。
1本が5～10本に分けつしている。
葉が緑で柔らかなうちに収穫を。
全部取らずにそのまま残すと、そこから翌年へと増えていく。

薄紫の可愛い花。島ラッキョウの花も同じ。

おまけ

「エシャレット」はラッキョウの若どりですが、似たような見た目の野菜に、沖縄の伝統野菜「島ラッキョウ」があります。
　エシャレットと同様の育て方で増やせます。

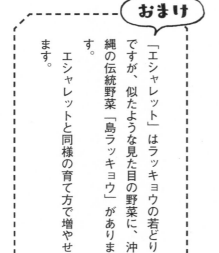

スーパーで買った「エシャレット」を増やしてみる

どんどこ増える！ エシャレット

お味噌につけて食べるのが一番好き！
時期にもよりますが、買うと数本で結構なお値段です。
エシャレット 380円
…
でもじつはほぼ植えておくだけで、どんどん増える、害虫の心配もない栽培おすすめ野菜。
どん どん
ふえる～!!
うしし
私はコンパニオンプランツのイチゴの株間に植えていて、放任栽培しています。
緑の葉の部分を、葉ネギのように利用もでき、とっても重宝しています。
…
ちょっとお味噌汁にくださいね
2~3本でも余らせて、科の違う野菜の株間に、気楽に植えてみてください。ネギ科野菜は害虫よけ効果もあります。

ポップコーン豆から「スプラウト」&「爆裂種トウモロコシ」ができる

他の株同士で受粉しやすい性質があるので、上手に収穫するためには数本植えるのが基本です。

1

ザルとボールを重ねて、ポップコーンを入れ、豆の底が浸る程度に水を入れる。穴を開けたアルミホイルで遮光する。毎日流水でゆすぐ。3～5日くらいで発芽する。

2

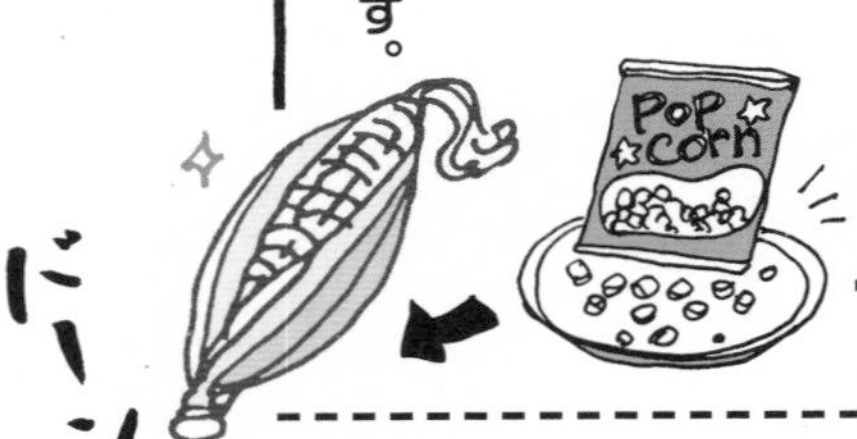

ボールの水は根の先が少し触っている程度に。

スプラウトとして食べるなら、葉が7～8センチくらい育ったら1日ほど光に当て緑化し、株元1センチくらい上をカットして収穫（1週間後目安）。

野菜プロフィール

難易度レベル ★★★★★

おすすめ時期：4月～5月（生育温度25～30℃）

必要なもの：ザルとボール、水、プランター、鉢底ネット&石、培養土、追肥料

収穫までの日数：コーンスプラウト　1週間／爆裂種トウモロコシ　4カ月

育てる環境：スプラウトは室内／トウモロコシは屋外の日当たりの良い場所。

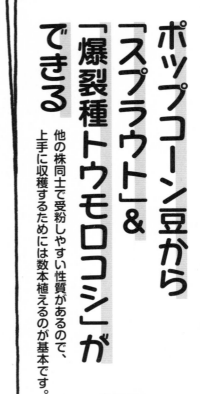

3

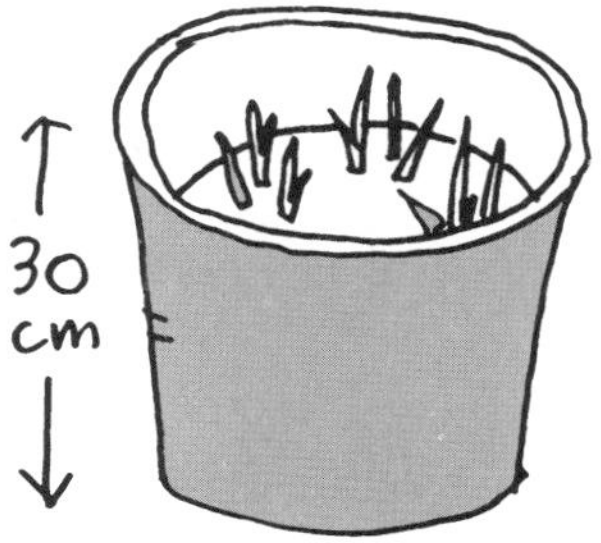

スプラウトの根を傷つけないように、丁寧にバラし、深さ30センチ程度のプランターに鉢底ネット&鉢底石、培養土を入れ、３本くらいずつセットに３箇所に植える。水をたっぷりやる。４～５日水やりは控え、日陰で管理。

4

日当たりの良い場所に移し、本葉が４枚くらいで、生育の良いものを残して間引く。10号プランターで２本植えが目安。水やりは、土の表面が乾いたらたっぷりあげる。

5

本葉が６～７枚になった頃と、てっぺんに雄穂が見え始めた頃の２回追肥する。株元から根が浮いてきたら随時、土寄せ（株元に土を寄せ集めること）を。

6

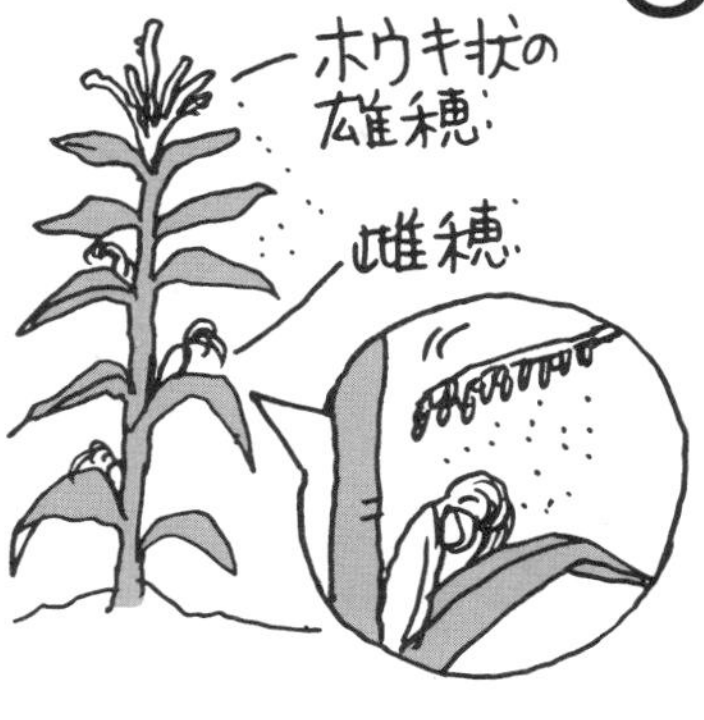

雄穂《ゆうすい》が出た後、下の方から雌穂《しすい》が出てくる。他の株の雄花を何本か取って雌花へと揺りつけ、受粉を助けてあげる。ヒゲの１本１本が、コーン粒１個ずつとつながっている。

7

1株につき2〜3本雌穂が出るが、生育の良い1本の実をならせる。
他は小さいうちに除房すると良い。

8

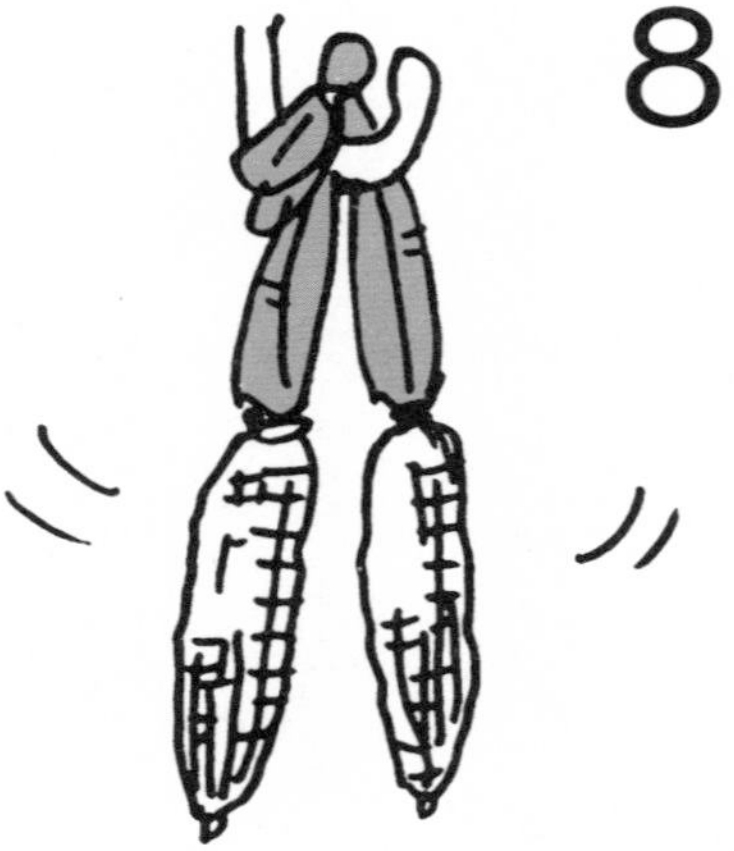

雄穂が開いて受粉してから3週間〜1カ月くらいで収穫。ヒゲが茶色く枯れてきたらサイン。
収穫したら風通しの良い場所に吊るして、しっかり乾燥させる。

【スプラウト栽培について】

普通のコーン栽培用の種は、薬剤がかかっていて、生長初期はその影響があるので新芽を食べるスプラウト栽培には適しません。

レストランなどでお料理のあしらいで使われるコーンスプラウト。あまり一般に流通しないので、育て甲斐もあり、とれたては格別！

軸ごとポップコーン

コーンスプラウトはかじると最初ちょっと苦くて、その後、口いっぱいにコーンの甘さが広がります。葉なのにトウモロコシそのもの。
甘くてびっくり
コーンの味!!
コーンラーメン
ちなみに「鷹の爪」の種も生きているので、植えるとトウガラシがたくさん収穫可能。干物の種の生命力、あなどれません。
……
上手に収穫できたら、挑戦したいのは「軸ごとポップコーン」です。
バターをぬって紙袋に入れてレンジでチン
じゃ〜ん
レンジの強さの調節が難しいのですが、出来上がったら感激です。
ポップコーンまるかじりだあ〜
はふはふ
栽培したからではの楽しみよね♡

芽が出た1個から「里芋」収穫

じつは室内で観葉植物として楽しめるほど綺麗な葉っぱが出てきます。

1

ふくらんでいる方
から芽が出る

軽く洗った里芋を容器に入れ、底が浸る程度に水を入れる。
水は毎日取り換える。

2

1週間くらいで発芽する。芽の周りの黒い皮ははがしてあげる。
室内の明るい窓辺などで管理。

野菜プロフィール

難易度レベル
★★★☆☆

おすすめ時期：4月～5月（生育温度20～30℃）
必要なもの：プランター、鉢底ネット&石、培養土、追肥料、容器、水
収穫までの日数：7カ月
育てる環境：屋外の日当たりの良い場所。

3

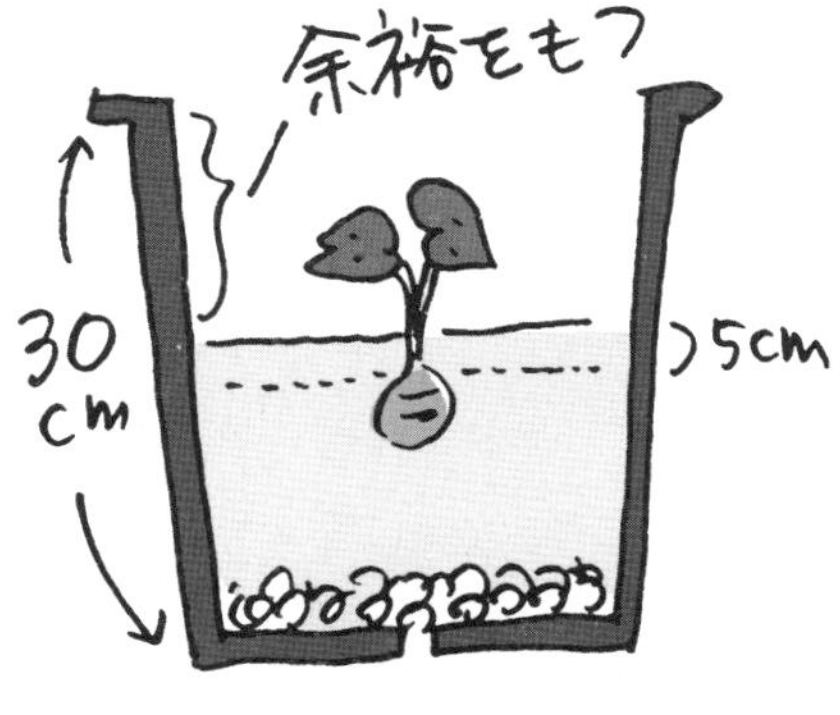

根も出たら、深さ 30 センチ程度のプランターに鉢底ネット＆鉢底石、培養土を半分強ほど入れ、芋の上に 5 センチ土があるよう植えつける。水をたっぷりやり、その後活着するまでは３～４日水やりを控える。

4

葉が増えるにつれ、芋が出ないよう土寄せを定期的にする。

5

植えつけ後１カ月目から毎月追肥をする。里芋は乾燥が苦手なので、水やりに注意する。マルチングをすると良い。

6

土植えした途端に、大きい葉がどんどん出てくる。たまに土寄せする必要があるだけで、ほぼ植えっぱなし。

11 月頃から葉が枯れてきたら、収穫適期。茎をハサミで切り落とし、軍手などをはめて丁寧に掘り起こす。

室内で観葉植物になるほど綺麗な葉が出る。

【保存】

小芋がごろごろ収穫できます。
風通しの良い場所で1週間くらい乾かしてから、暗い場所で保存。

株元にコンパニオンプランツ

昨年（２０２０）の夏は異常気象で特に枝豆が虫にやられて散々でした。が、里芋の株元に植えていた枝豆はなぜか無事でした。

後で調べたら、枝豆と里芋はお互いの成長を助けるコンパニオンプランツだと発覚。

里芋の方も単独で植えているものより生育が良かったです。

La La La ～♪

他には再生栽培でもお馴染み「三つ葉」なども良いのだそう。

直射日光が苦手な三つ葉は、里芋の大きな葉に守ってもらえそうですね。

栽培期間が長いので、有効利用で隙間にちょっと植えてみてもいいかも。

welcome

簡単おすすめ「クウシンサイ」

茎部分とスプラウトと、2種類の方法で簡単に再生栽培が可能。

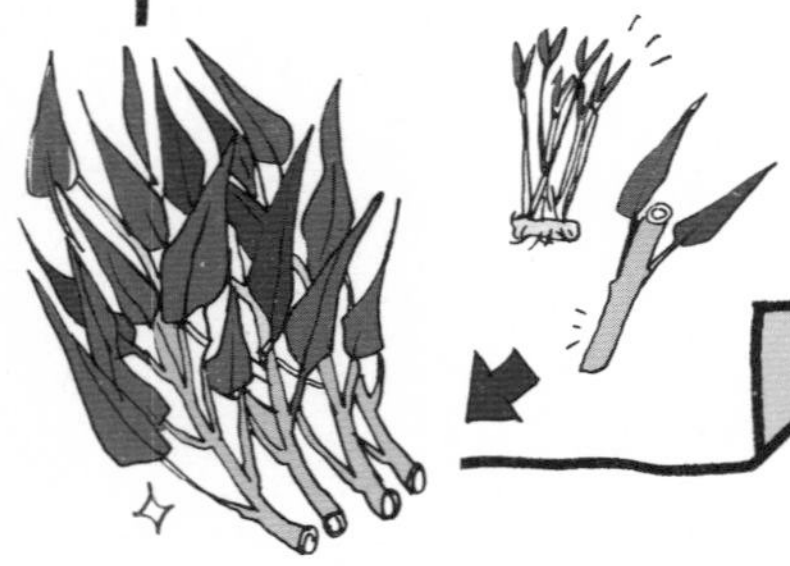

野菜プロフィール

難易度レベル
★☆☆☆☆

おすすめ時期：6月〜8月（生育温度 20〜30℃）
必要なもの：プランター、鉢底ネット＆石、培養土、追肥料、容器、水
収穫までの日数：2カ月
育てる環境：屋外の日当たりの良い場所。

茎から植えつける場合 1

葉を少し残した茎８センチ程度を水につけておく。３日くらいで節目から根が出てくる。水は毎日取り換える。

2

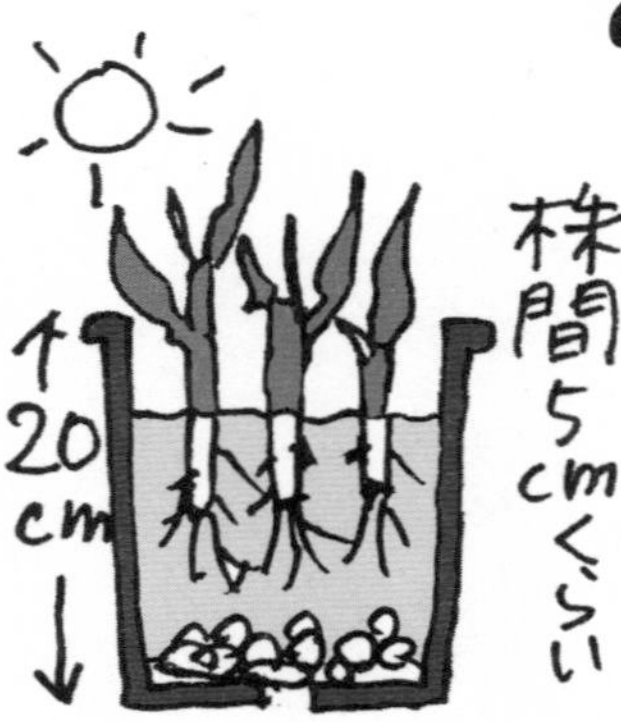

根が十分育ったら（P48写真参照）プランターに鉢底ネット＆鉢底石、培養土を入れ植える。月に２〜３回液肥を。乾燥すると茎が固くなるので注意。

3 クウシンサイスプラウトから植えつける場合

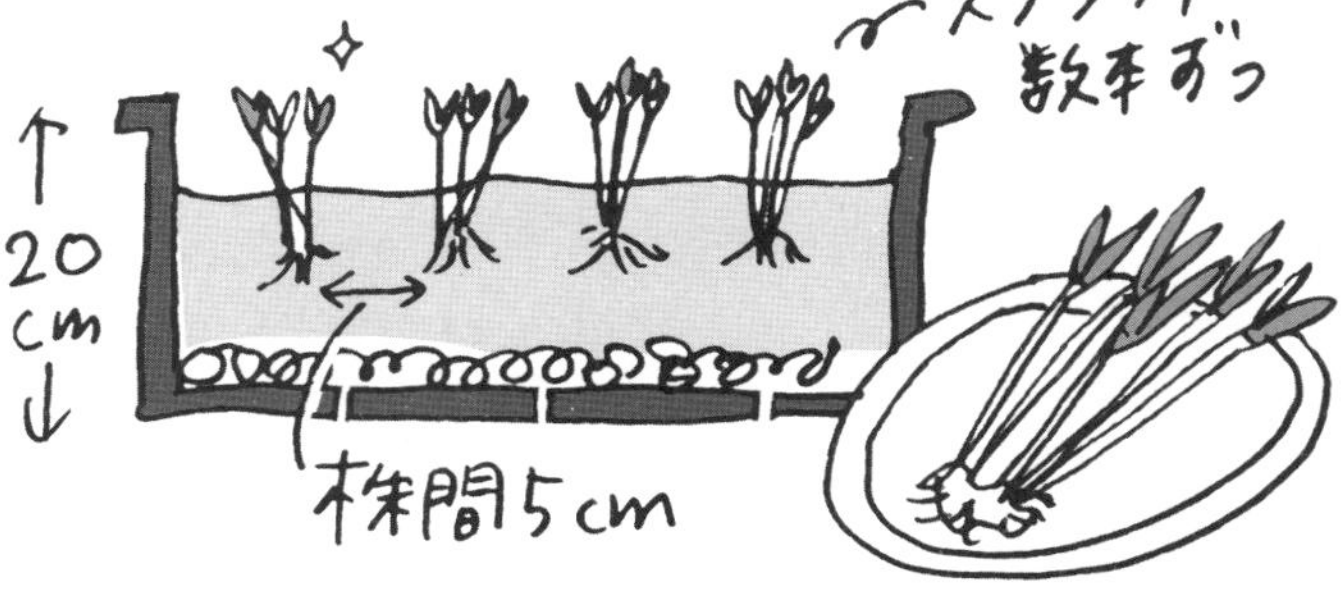

クウシンサイスプラウト数本ずつを、株間５センチ程度にやや深く植える。
最初だけたっぷり水をやり、根つくまで１週間ほど日陰で管理する（その間は水やりは控える）。

4

日当たりの良い場所に移し、生育の良いものを残して、他は根元からカットして間引く。
やや密集気味でも大丈夫。

5

スプラウトからの栽培では茎はそれほど太くならないが、苗丈は25センチくらいになる。茎が根元で寝るが問題ない。月に２〜３度液肥をやる。

6

先端をカットするように収穫するとわき芽がどんどん育ってくる。

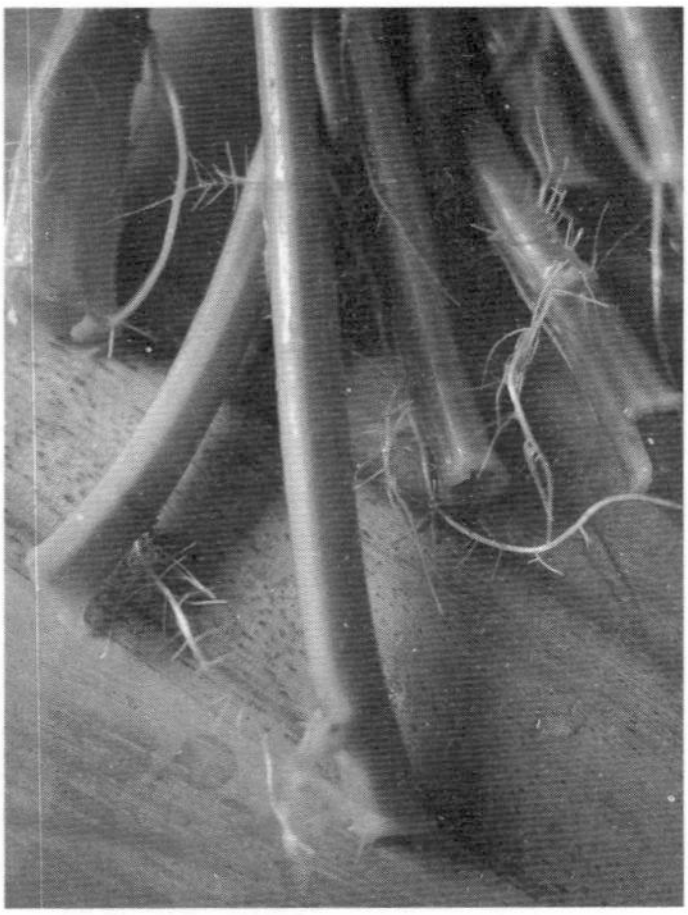

茎を水につけると節からどんどん発根する。

7

暑い季節の野菜だが、晩秋まで収穫可能。
ヒルガオ科らしい小さい朝顔のような白い花が咲く。葉が硬くなるので花が咲く頃が収穫期の終わり。

小ぶりで可憐な白い花。

夏のお助け野菜

中華料理屋さんに行くと、必ず注文してしまうのが「クウシンサイのオイスターソース炒め物」
おいしいっ♪
近年は普通にスーパーでも出回る野菜になりました。
種から育てても、とても簡単に育つ野菜の一つですが再生栽培ならさらにお得です。
ミーン
ミーン
ミーン
「クウシンサイスプラウト」を数本残して植えれば、秋までたっぷり収穫できます。
東南アジア、中国の南が原産で、高温多湿を好みます。真夏の葉野菜が少ない時期に、庭にあると大助かり！
空芯菜のそばサラダ（ゴマだれドレッシング）
味にクセがないので、若い葉っぱはサラダでも美味しく食べられます。

Column

水やりの基本＆追肥について

水やりについて

「プランターの鉢底から水が流れるまで」と聞いたことがあると思います。水や栄養を吸収するのは、ほとんど根の若い先端部分。そこに届ける必要があるからです。たっぷりあげたつもりでも、案外、上の方の５センチくらいしか濡れていないことも。一度チェックしてみてください。

また、根は土が一度乾くことで、水分を求めて頑張って張ろうとします。乾いてから、たっぷりあげる、という繰り返しで根張りが良くなるわけです。

再生水栽培では、野菜の底が（または根の先が）触れている程度に少しだけ水を入れます。理由は土の中の根と同じで空気が必要だから。呼吸ができないと腐敗を早めます。そして少し触れていることで根の生育を早めます。

追肥について

実を収穫する野菜の場合は、花がついてからが基本です。その前に追肥すると、「葉ばかり」になり花が落ちてしまう原因になることが。

葉もの野菜は肥料が足らないと、てきめんに育ちが悪くなります。ただ、肥料はあげすぎると植物は軟弱化し、虫がついたり、病気になりやすくなります。目安としては、葉の色がやや薄めの緑が健康な状態、黄色いと足らない状態。葉の色を見て適宜に。

再生栽培では、野菜によって通常よりやや肥料を多くした方が良い場合があります。豆類は根に根粒菌がつくので、肥料は少なめで良いと園芸書にありますが、もやしからの枝豆、豆苗からエンドウを栽培するときは、葉の状態を観察して調節してください。

米の研ぎ汁（最初の濃いもの）、牛乳パックのすすぎ水は、素晴らしい液肥がわりになります。

秋から始める野菜

ミント

エンドウ豆

ひよこ豆

コマツナ

葉大根

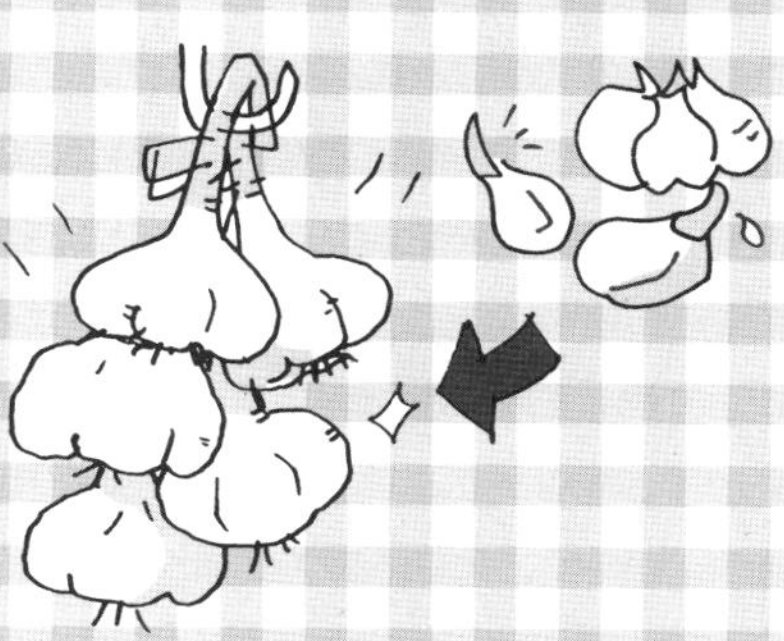

ニンニク

「絹さや＆エンドウ豆」を豆苗の株元から栽培

秋植えし冬越えさせて育てる方が収穫量が多めですが春植えも可能。

野菜プロフィール

難易度レベル ★★☆☆☆

おすすめ時期：秋／10下旬～11月（生育温度15～20℃）　春／3月頃

必要なもの：苗ポット、プランター、鉢底ネット＆石、培養土、追肥料

収穫までの日数：秋植え8カ月　春植え4カ月

育てる環境：屋外の日当たりの良い場所。

1

株元３～４センチの豆苗を丁寧にばらして、苗ポットに３～４本くらいずつ植える。

2

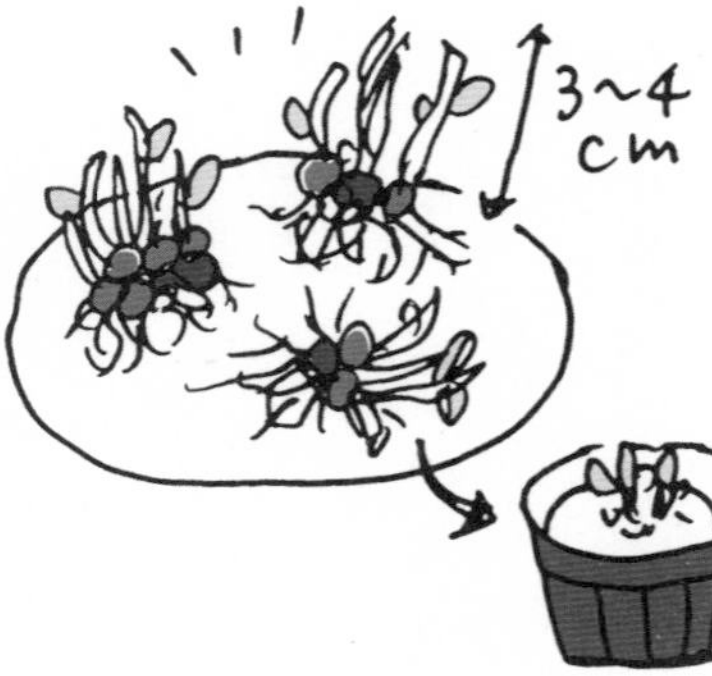

ハサミで小さいブロックに根ごと切り分けて、植えつけてもOK。

3

葉が育ってきたら良いものを２～３本くらい残して、他は根元から切る。
苗丈７～10センチで冬越えさせる。

4

30
cm
巻ヒゲが
からみやすい
ように ネット等
細いものが○

春に成長してきた良い苗ポットを選び、プランターに植えつける（２～３本をセットで植える）。

支柱をたてる。

5

花が咲いたら追肥をする。

6

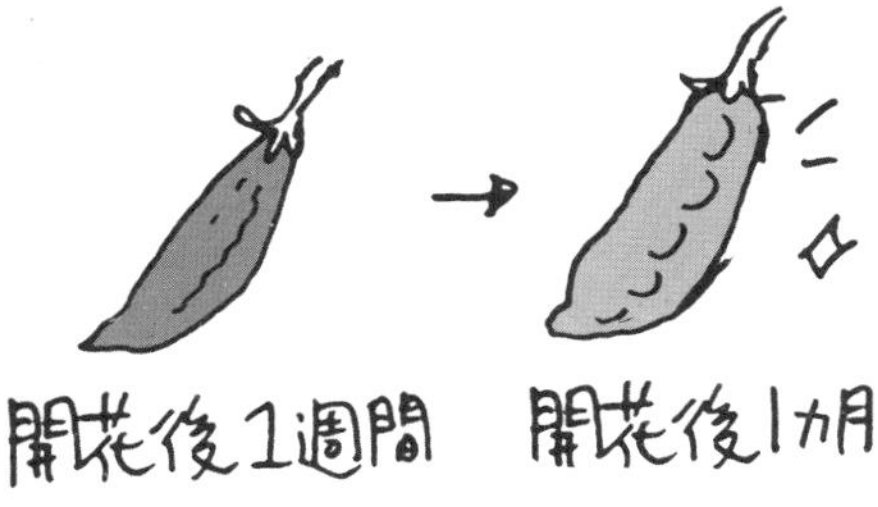
開花後1週間
開花後1カ月

開花から約２週間くらいで絹さやとして収穫できる。さらに約２週間でエンドウ豆ができる（開花から１カ月が目安）。さやが少しだけシワッとしていたら収穫適期。梅雨に入る前に収穫し終えるのがベスト。

株元を小分けにせずに、大きいブロックのままプランターの土の上にのせて栽培。勢いよく成長するが、混み合って収穫量は落ちる。

【追肥】

旺盛に葉が育ってくれる豆苗。あの小さかった葉がこんなに大きく!?とびっくりします。

追肥は必ず「花が咲いてから」あげます。その前だと、葉ばかりが繁ってしまうことに。

【葉もぐり虫】

エンドウ豆が大好きな虫で、葉の中に潜って、葉に白い模様のような跡をつけます。広がると樹勢が衰えますが、少しやられた程度ではさやにはまるで影響がないので大丈夫。見つけたら、広がらないようにすぐ手で抹殺。葉を整理して上手に支柱を利用して風通しをよくします。

そのまんまブロック植え実験

豆苗の再生栽培といえば水栽培で「葉の部分を再収穫」というのがおなじみですが、
イキイキ
水栽培
ブロックのまま土植え
これも空いているプランターに土植えすることでより生き生きとした新芽を食べられます。
あるとき、そのまま放置していたらうっかり育ちすぎてしまい、花がワラワラ咲いて！
バーン！
ううっ！
うっかりしたっ
急きょ主旨をかえて、そのまま追肥して、エンドウ豆を育てることに。
でも、密集状態のブロックのままだと光がきちんと全体に当たらないし風通しも悪く…。
ちま…
…
ちゃんと2本ずつにして植え付け
きちんと、バラして植えた時に比べて収穫量が劣りました。今更ですが、植物の栽培で「風通し」の大切さを再確認です。

「ミント」の余りを増やす

ミントは多年草で、とても生命力旺盛。買って余ったら水栽培で簡単に増やせます。

1

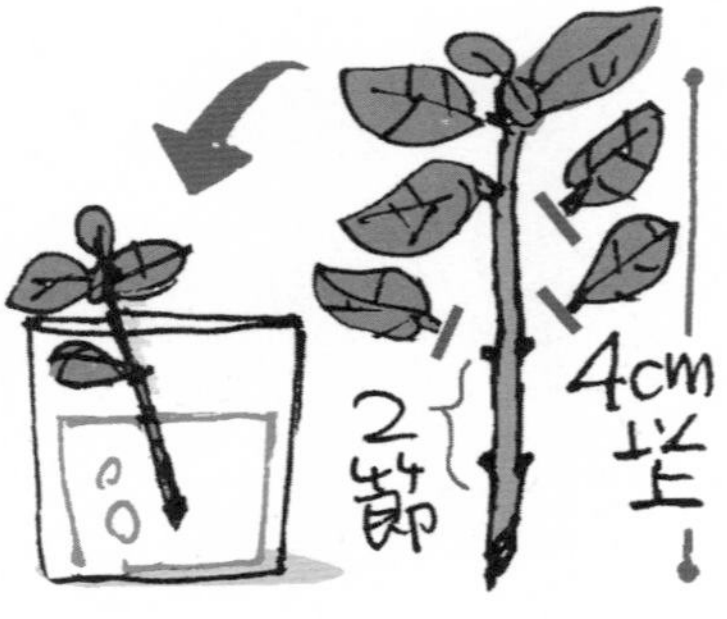

茎4センチ以上のミントを用意。節から発根するので2節以上を目安に水につける。葉は少しだけ残す。

2

根が出たら、培養土に植えつけをする。数日は直射日光のあたらない場所で管理。肥料はいらない。

野菜プロフィール

難易度レベル
★☆☆☆☆

おすすめ時期：冬以外（生育温度 15 ～ 25℃）

必要なもの：水、容器、プランター、鉢底ネット＆石、培養土、追肥料

収穫までの日数：1～2カ月

育てる環境：屋外の日当たりの良い場所（真夏は半日陰でも）。

3

新芽が旺盛に出て混み合ってきたら、収穫を兼ねて摘芯をする。切ったところから、枝が分けつし増える。秋口に花が咲く前が一番香りが良い。

4

真冬以外、通年収穫できる。冬、地上部が枯れたら、切り戻しておくと良い。春に新芽が綺麗に出てくる。

おまけ

バジルなども同様に水につけると発根します。トマトのコンパニオンプランツとして株元に植えると良いです。花芽ができたら早めに摘み取ると、晩秋まで収穫できます。

ハーブ類はもともと野草。発根しやすいものが多いです。タイムや、ローズマリー、クレソンも！ 買ったハーブを余らせて、実験気分で試してください。

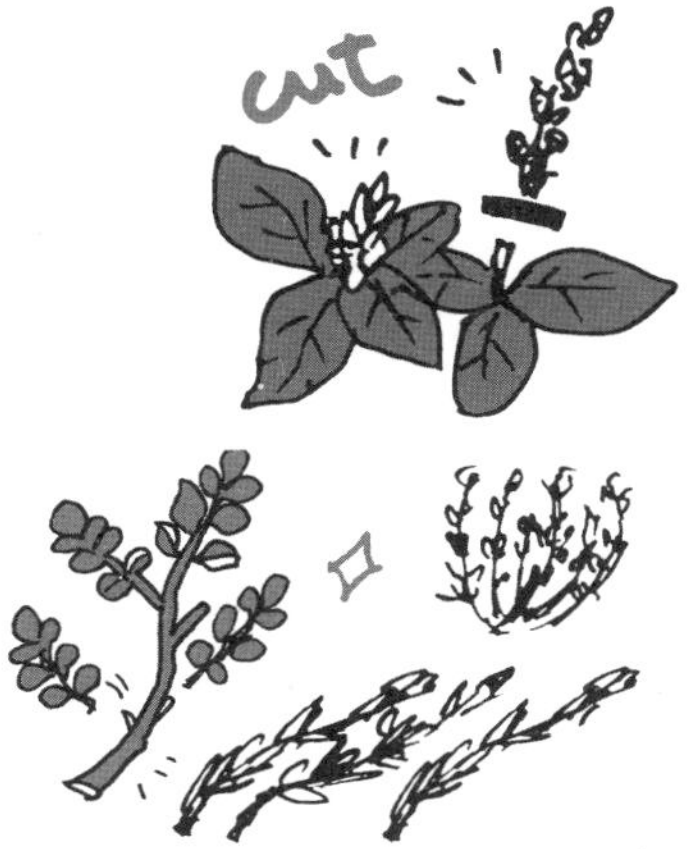

（注）ミントは根がよくまわり、旺盛に茂るので野菜とは一緒に植えないのが一般的。

水回りに置くのが二重丸

水栽培は必要なものが少ない点は手軽ですが、毎日の定期的な水換えが必要…。

かえてぇ〜

あっうっかり
はっ
なんてことが、以前はよくありました。

私はキッチンシンクの目の前のカウンターに並べています。

ザ
洗いもののついでにちょちょっと!!

一連の流れで、習慣化してしまうと案外にラクチン。「目につく場所に置く」「ついでにやる感」がポイント。

出窓などに置いているものはトレーにひとまとめにしてあるので移動も簡単。

家事の動線に合わせて、工夫してみてください。

いつも仏様のお水替えと一緒にやってます♪

「コマツナ」の根元部分から育てる

再生栽培で一番のおすすめ野菜。
葉がどんどん出て長く楽しめ、春には菜の花も収穫！

1

根つきのコマツナの茎を３～４センチ位残してカット。中央の小さい葉を少し残す。コップの水に根の部分だけを半日～１日つけておく。

2

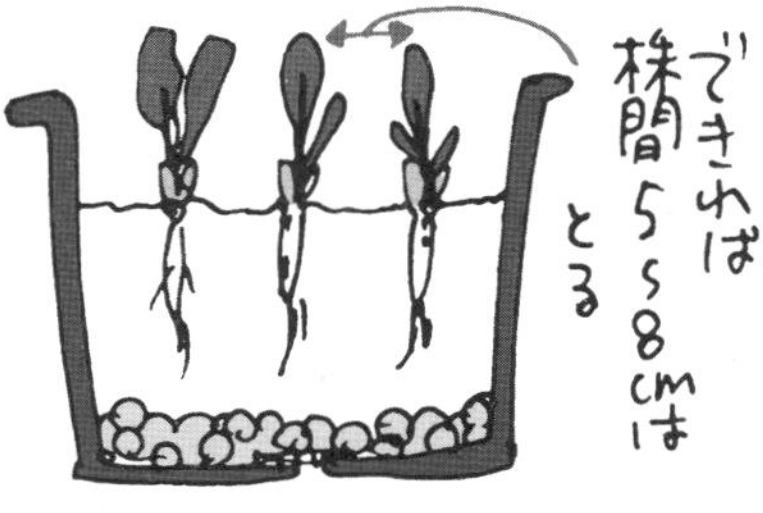

培養土をセットしプランターに植え、たっぷり水をやり、根が活着するまで日陰で管理する。最初しなっとしているが２～３日で葉がピンとしてくる。

野菜プロフィール

難易度レベル
★☆☆☆☆

おすすめ時期：９月（生育温度 15 ～ 25℃）ほぼ通年育てられる。
必要なもの：プランター、鉢底ネット&石、培養土、追肥料
収穫までの日数：2週間～1カ月
育てる環境：屋外の日当たりの良い場所。

3

1カ月半～2カ月くらいで
収穫可能

根つきのコマツナが手に入らなくても、少し白い根が残っていれば時間はかかるが、同様に土植えすると再生する。

4

外側から

葉が15センチくらいになったら外側から収穫。中央から新しい葉がどんどん出てくる。収穫が始まったら追肥をする。液肥なら月に2回目安。

5

春になると菜の花が咲き始める。
つぼみで収穫すると良い。こちらも脇芽がどんどん出る（花が咲くと葉は食味が落ちるので食べられない）。

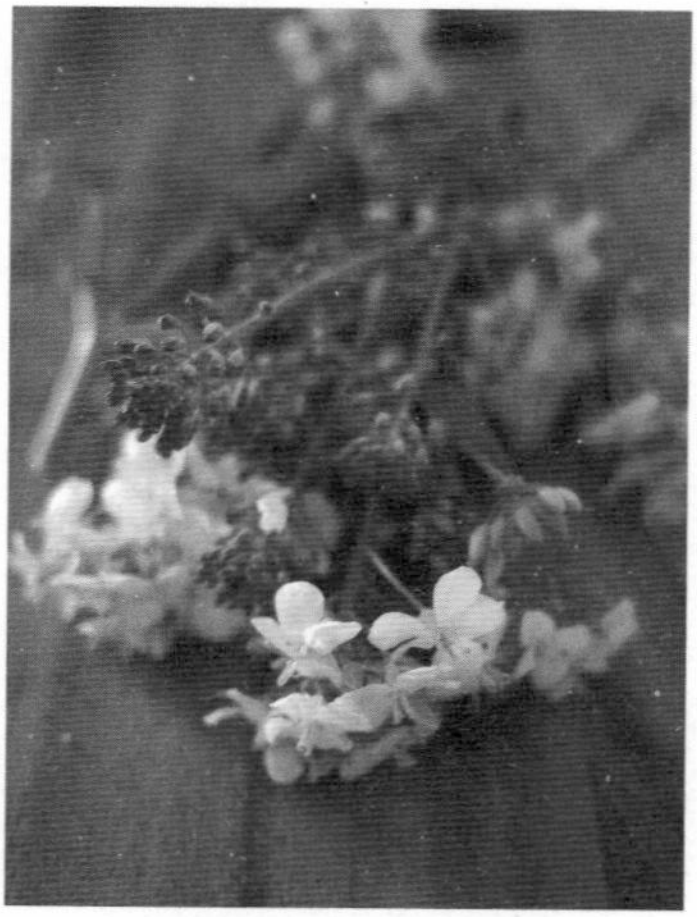

冬の間に体内にたまった老廃物をデトックスする効果がある菜の花。
積極的に食べたい。
コマツナ再生栽培で毎年食べ放題。

【ほぼ通年】

秋冬野菜のイメージのコマツナですが、意外と夏も元気です。ただ、春夏に栽培をスタートする際は、虫が多いのでネットなどをかぶせて防虫対策を。

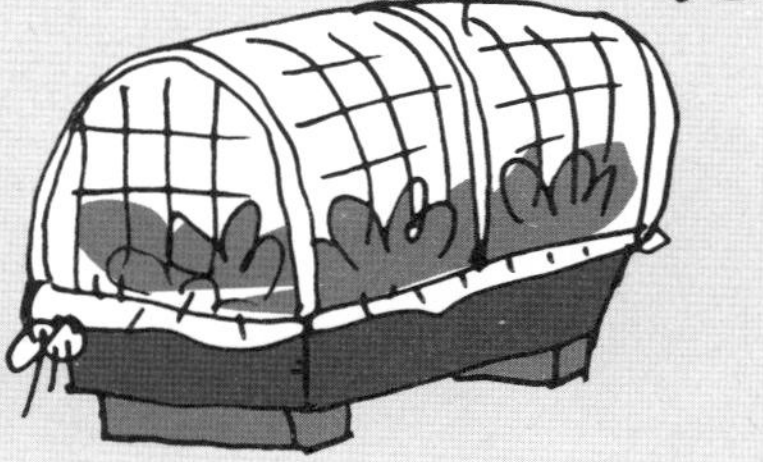

おまけ

コマツナと同じアブラナ科である「チンゲンサイ」も再生栽培が可能です。株元3〜4センチを使います。真上から見ると、まるで緑のバラの花のようです。

＜水につけ２日後＞

＜４〜５日後＞

いちおしコマツナの再生栽培

いろいろな再生栽培を試す私ですが、やはり一番のおすすめはコマツナ。
助かるわぁ〜♡
ほぼ通年育てられるのも魅力です。
株が充実する前の栽培初期は、一つの株から一度に葉をとりすぎないのがポイント。
1 2 3 4 5 6
ひと株から2枚ずつ！
今日の分
何株もたくさん育てて、ローテーションを組んで収穫すると良いです。
そして春に収穫できるコマツナの菜の花は、とても柔らかくて苦みが少ないです。
上をcut
わき芽
さすがッだわー
栽培期間が長いので、有効利用で隙間にちょっと植えてみてもいいかも。

余った「ひよこ豆」から収穫する

エンドウ豆と同じように、春より秋植えにし冬越えさせる方が収穫量が多いです。

Garbanzo
Beans

野菜プロフィール

難易度レベル
★★★☆☆

おすすめ時期：10 ～ 11 月／ 4 月頃の春植えも可能（生育温度 20 ～ 25℃）

必要なもの：苗ポット、プランター、鉢底ネット&石、培養土、追肥料、容器、水

収穫までの日数：秋植え／8カ月

育てる環境：屋外の日当たりの良い場所（多雨、高温多湿を嫌う）。

1

乾燥ひよこ豆を水につけ発芽させる。水は毎日取り換える（3日程度で発根する）。

2

土は5mm
かぶせる

苗ポットに3粒くらいずつ植え、苗丈10センチ位で冬越えさせる。
真冬は成長が止まる。

3

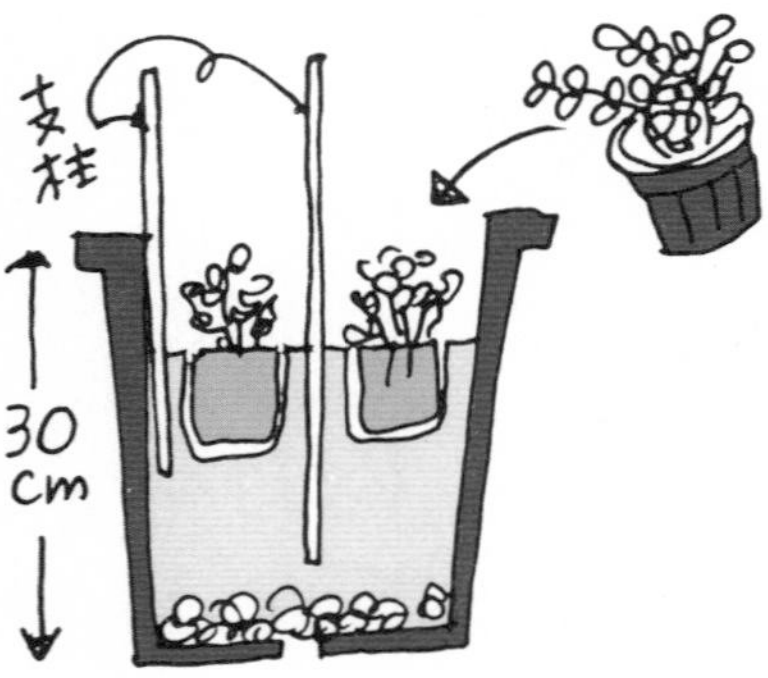
支柱
30cm

春に新芽が育ってきたら、良い苗を選び大きいプランターに植え、支柱をたてる。
2本組の苗ポット2個を植えつける。

4

苗丈は50cmくらいになる

植えつけ後1カ月目から毎月追肥をする。多湿を嫌うので、水やりは土の表面が乾いたのを確認してから。

5

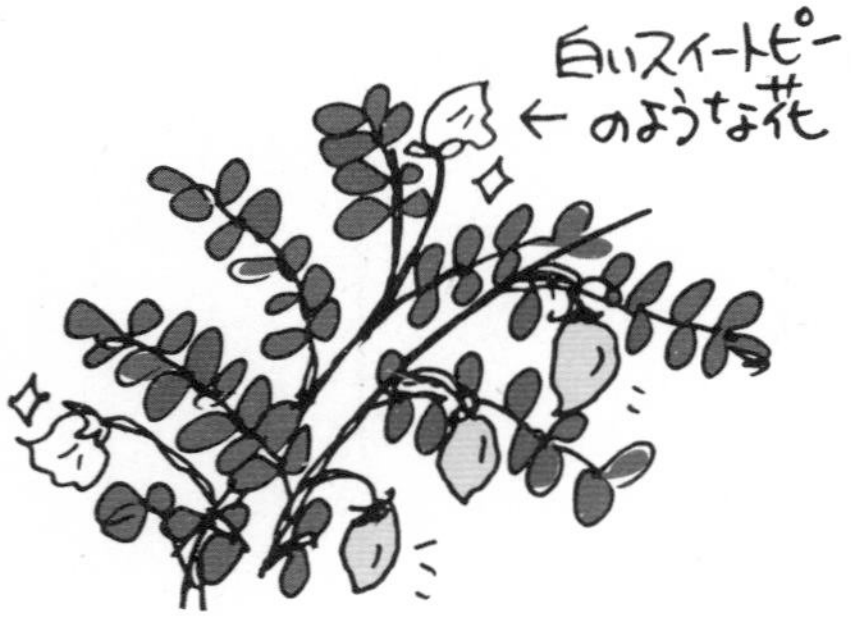
白いスイートピー
← のような花

白い小さいスイートピーのような花が咲き始めて順次さやが出来てくる。

6

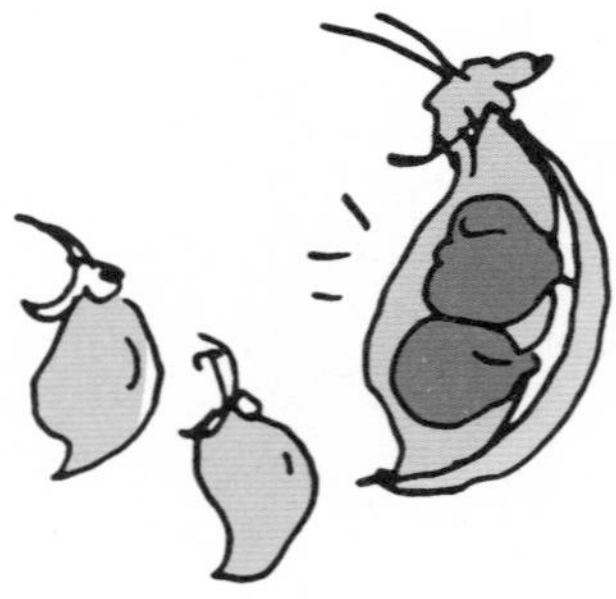

少し葉が枯れかかったら、さやがすっかり茶色く乾く前に、早どりするのがおすすめ。雨が苦手なので、梅雨入りの前に収穫する。

緑のヒヨコが2つ入り！

ピヨ

中近東のペースト料理「フムス」が大好物の私！3日分くらい一度にたくさん作ってます。
Garbanzo Beans
いつも市販の乾燥豆か缶詰を使いますが茶色のひよこ豆を見慣れているので…
自分で育てるとひよこ豆ってこんなふうになるんだと感激します。
おぉっ
じゃ〜ん
ピヨ
若どりの瑞々しいひよこ豆は本当に美味しいです。フムスを作るほど大量には収穫できませんが、いつも「ウコンとひよこ豆ご飯」に。
こればかりは栽培ならではの味わいね
グリーン!!
イソフラボンも豊富な美容食。中医学では通便効果があるとされています。

芽が出てしまった台所の「ニンニク」から再生

栽培期間は長めですが、栽培はとってもカンタン！

野菜プロフィール

難易度レベル
★★★☆☆

おすすめ時期：9月下旬～10月（生育温度15～20℃）

必要なもの：ココットなどの容器、プランター、鉢底ネット&石、培養土、追肥料

収穫までの日数：8カ月

育てる環境：屋外の日当たりの良い場所。

1

芽が出たニンニクを2～3日ほどお尻の部分が触れる程度の水につけて発根させる（ニンニク発芽温度は15～20度。気温が高い時期は出てこない）。

2

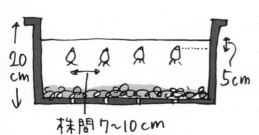

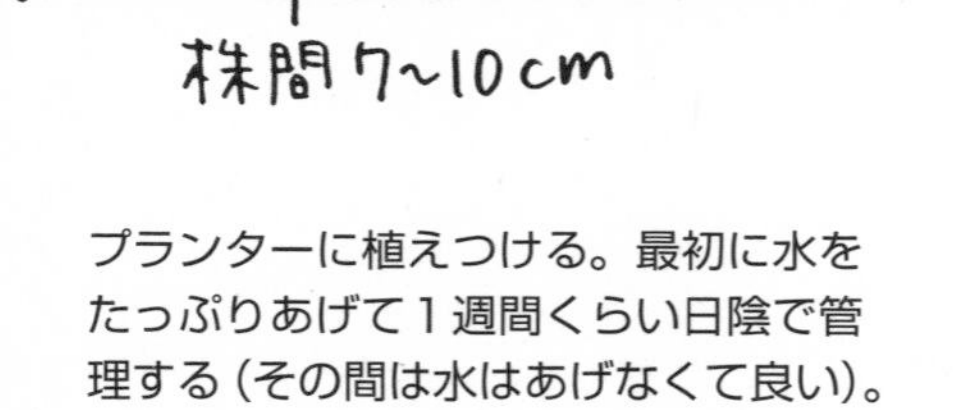

プランターに植えつける。最初に水をたっぷりあげて1週間くらい日陰で管理する（その間は水はあげなくて良い）。

3

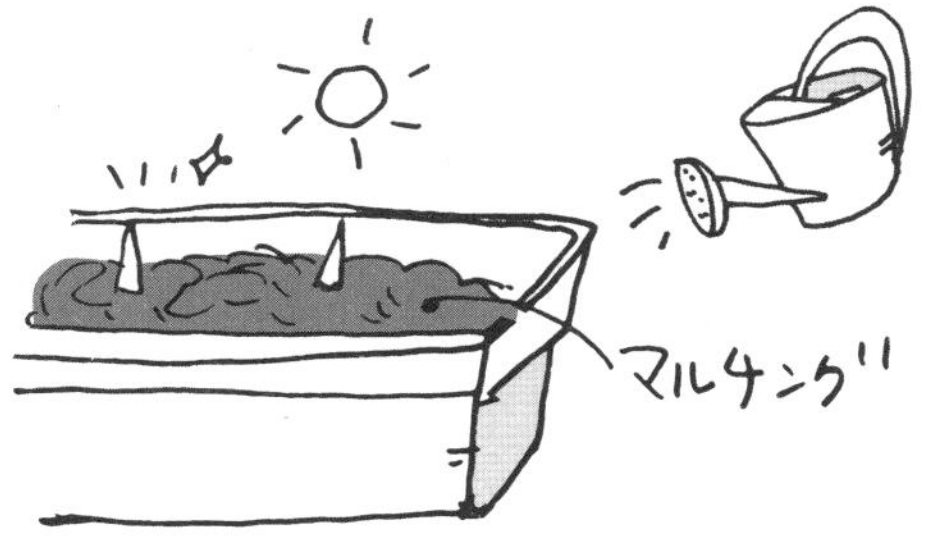

10日前後で地上に芽が出てくる。
日当たりの良いところに移動し、土の表面が乾いたら水やりを開始する。ココヤシファイバーなどでマルチングをする。

4

脇芽が出て2本になったものは、太い方を押さえながら、細い方を丁寧に抜き取る。

5

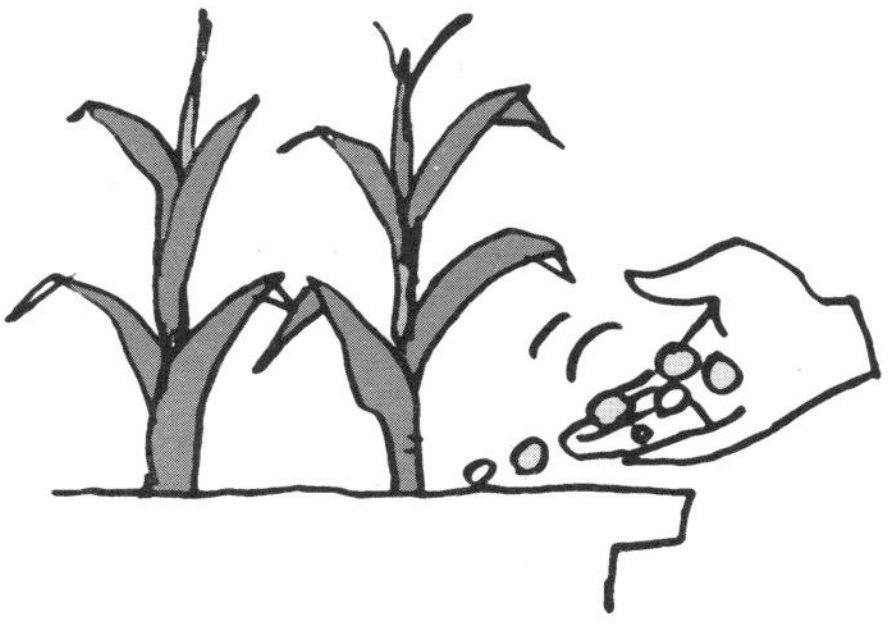

12月頃と翌年の春に追肥をする。
有機肥料なら2月中旬頃（溶けて吸収できるまで2週間くらいかかるため）。

6

花芽がつくが早めに摘み取る（地下のニンニクへの養分を取られないようにするため）。これは「ニンニクの芽」といい、美味しく食べられる。

６月頃、葉が⅔枯れた頃が収穫適期。掘り起こし、茎の部分を10センチくらい残して風通しの良い場所で陰干しにする。

【葉の数と地下のニンニク】

地上部の葉の枚数や茎の太さは、地下のニンニクの数や大きさに比例しています。春に気温が上がって来るにつれ生育が活発化するので、肥料切れしないよう葉の状態を観察して、適切に追肥をすることが大事。

おまけ

分けつした株をそのままにしたら、意外な結果に

栽培プロセスで書いたように、１つの種ニンニクから２つ分けつして茎が伸びてきたら、通常は早めに小さい方を取り除きます（大きくて良いニンニク１個を育てるため）。

ふと、そのままに放置したらどんな風になるかなと思い、実験してみました。

植えつけ１カ月後。

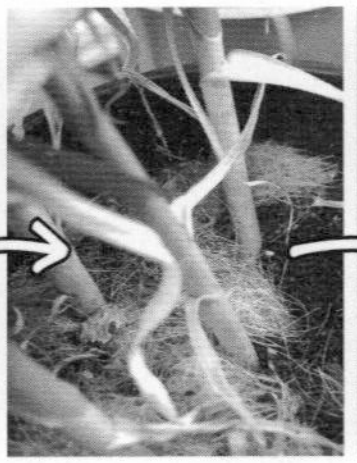
収穫前、割れた２本目が斜めに伸びている。

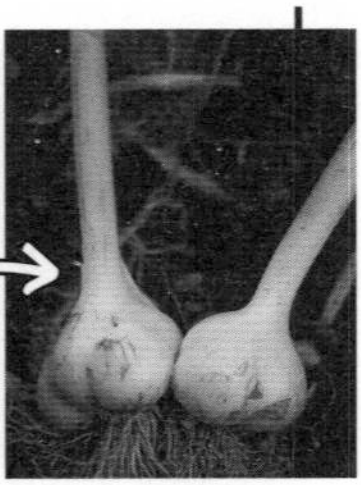
収穫した双子ニンニク。

そのままにしても、十分なニンニクの玉が２個できていました（２個とも直径５～６センチ）。限られたスペースのプランター栽培では、あんがい「総重量ではお得」かも!?

種ニンニクの個体差もあるので、毎回同じようになるとは限りませんが、意外な結果となりました。

ニンニク・オリーブオイル

美味しい料理の影の立役者、
ニンニク。
洋中和全部これがなくっちゃ
始まらない〜。
ありがとう
にんにくさん
買うとお高めなのですが
再生栽培で安全無農薬を
収穫できます。
長く保存するために
天日干しして乾かしますが、
「とれたて」は水分を含んで
いてとても瑞々しいです。
ピカピカー
むちむちー
家庭菜園ならではなので、
煮物に入れたり、
素揚げにしたりして
ぜひ味わってみてください。
私が常備しているのは
「ニンニクオリーブオイル」
パンに垂らすだけで、
ごちそうです！
オリーブオイル
うまー
うまー
きざんだニンニク
オリーブオイルを
継ぎ足しながら使い、
２週間毎に、
新しく更新します。

カイワレ大根から「葉大根」を収穫する

大根の葉は栄養価の高い緑黄色菜。
捨てる場所に隠れている小さい芽から収穫！

1

ブロックのカイワレを食べる分を除きカット。根元を４センチくらい残す。

2

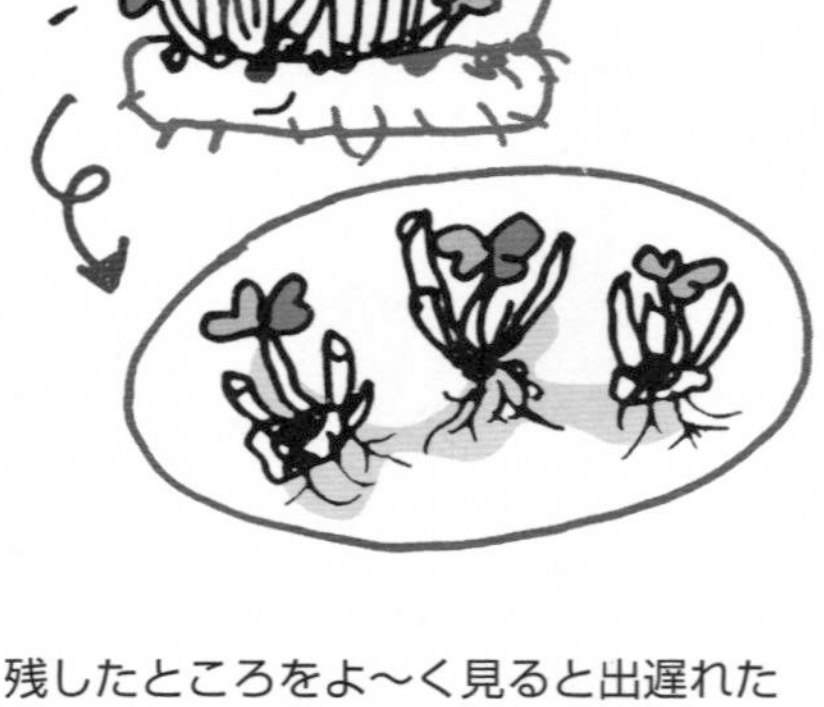

残したところをよ～く見ると出遅れた短い双葉があるので、それを丁寧に外す。数本ずつ重なっている大まかな状態で良い。

野菜プロフィール

難易度レベル
★☆☆☆☆

おすすめ時期：秋／9月　春／4月（生育温度15～20℃)

必要なもの：プランター、鉢底ネット&石、赤土、固形肥料

収穫までの日数：1カ月

育てる環境：屋外の日当たりの良い場所。

3

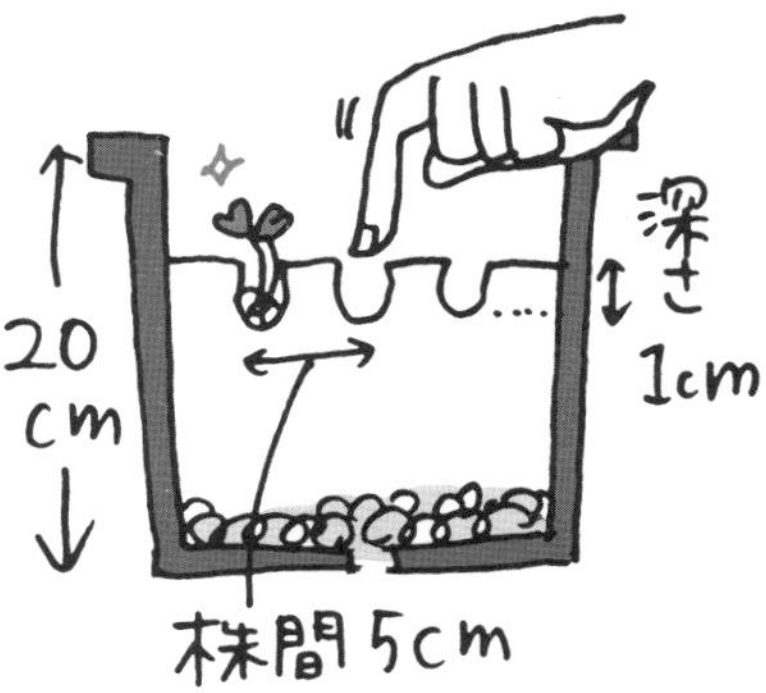

プランターに培養土を入れ、指で１センチのまき穴を作りカイワレを差し入れる。サイドの土をつまむようにしてかぶせ植える。

4

新芽が育って来て本葉が出始め混み合って来たら適宜間引く。液肥をあげる。この間引き菜も食べる。

5

十分な大きさになったら、適宜収穫する。本葉４～５枚になったら、土寄せをしてさらに育てると、ミニ大根も収穫可能。

上手にミニ大根を収穫するには

春に栽培をスタートすると、花芽が出てしまいがち。
品種によりますが、幼苗の時に－1度～13度の低温度にあたると感応して花芽分化するそうです。十分に気温が上がってない3月からスタートする場合、夜は室内に入れるなど、工夫してください。

おまけ

大根の成長過程

光を遮ることで、新芽を長くしたカイワレ大根。

この長い部分は茎ではなく「胚軸《はいじく》」と呼ばれています。実は大根の上部分はこの胚軸でできています。

本葉が4～5枚になった頃に、胚軸は土の中にもぐります。

この頃から準備が整い、本葉が15枚くらいで本格的に根の肥大が始まります。

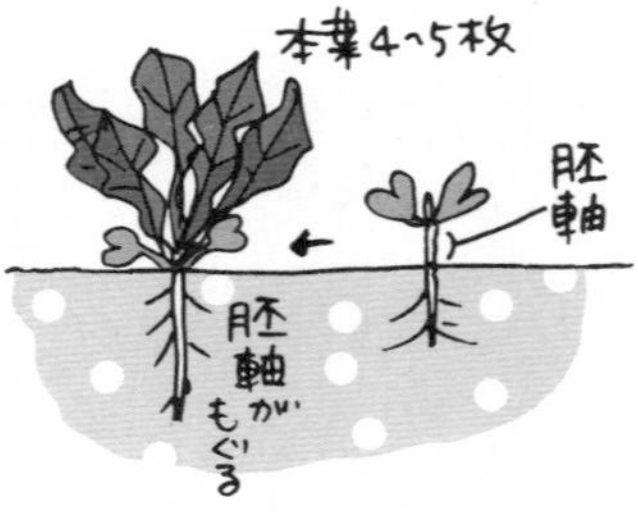

※ちなみにカイワレ大根は、胚軸が長すぎるので、この長いものをそのまま植えても上手に育ちません。

ちっこい弟たちの復活劇

新芽を徒長させたカイワレ大根。ここまで長くなると、栽培は難しそうです。

でも、よ～く見たら根元の方に出遅れた短いカイワレが何本かあるのに気がつきました。

ん!!

ん!!

この根元にまぎれているちっこいカイワレ大根もちゃんと双葉が開いてます。

ぼんやりしてたら兄たちがぐんぐん伸びて…♪

光が当たらなくて…♪

陰になっちゃって育てなかったの♪

なるほど～

この弟たちならイケるかも!? と栽培してみました。敗者復活戦ですね。

まさに「捨てている部分」から、瑞々しい葉が育っていく様子に感動します。

りっぱな大根の葉に育ったわ～♪

柔らかい葉はサラダがおすすめ。ビタミンCやカロテンも豊富な優れものです。

Column

ズボラ流　生ゴミ堆肥の作り方／古い土の再生

野菜作りは土が決め手です。土壌に生物がたくさんいると美味しい野菜ができます。この生ゴミ堆肥はいわば「生きいてる土」。買った培養土だけで育てるのと比べて、生育が格段に良いです。土の再生材を毎回買うのは大変ですし、一挙両得！

1）栽培し終わったプランターの土を10センチくらい残し、残りはバケツなど別の容器に取り分ける。

2）プランターに「生ゴミ、米ぬか（発酵促進剤）、土」の順に重ね1週間ごとにかきまぜる。

3）プランターがいっぱいになったら生ゴミの投入をやめ、2カ月～6カ月くらい熟成させる（気温が低い時期は時間がかかる）。

土を被せるので、匂いなどもまるでありません。「微生物」はまさに小さな魔法使い。生ゴミが跡形もなく姿を消します。

発酵熱で土がホカホカするのにも感動します。小さい容器でやるので、毎回は発酵熱が上がらないこともありますが、ちゃんと分解するので心配ありません。

ポイント

❶投入する有機物を選別する／バナナ、パン、玄米茶やコーヒー殻は特におすすめ（分解に時間がかかるものは入れない／玉ねぎの薄皮、貝殻類など。動物性のものを入れない）。

❷適度な水分を保持する（握った時、軽く固まって崩れる程度。微生物が活性化してくると、水分を加えなくてもあまり乾かなくなる）。

❸通気性を確保する（下にレンガなどをひく。雨が直接入らない程度にふわっと蓋をする）。

使い方

生ゴミ堆肥を半分入れて買った培養土を足して使います。もちろん、この生ゴミ堆肥だけでも植えつけできます。その場合は、できれば苦土石灰をごく少量混ぜて酸度調整を。

土と微生物の理解がぐっと深まる！

おすすめ映画『キス・ザ・グラウンド：大地が救う地球の未来』（アメリカ　2020年　Netflix）
おすすめ書籍『土と内臓　微生物が作る世界』（デイビット・モントゴメリー、アン・ビクレー／著　片岡夏実／訳　2016年　築地書館）

冬から始める野菜

レンズ豆スプラウト

白菜

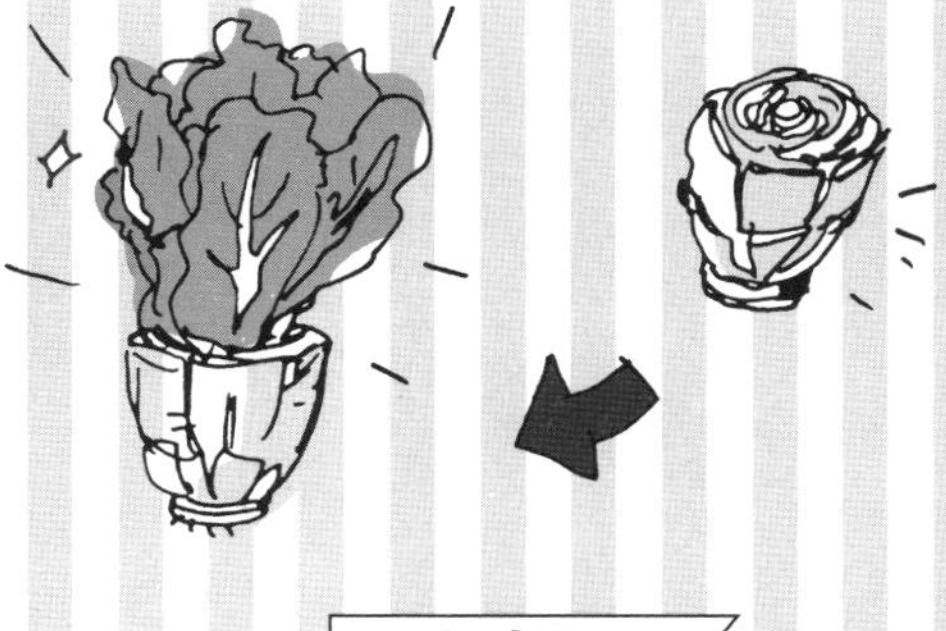

レタス

ニンジン

「レンズ豆」からスプラウトを収穫

通常のスプラウトのように遮光する必要もなく
瓶で手軽にできる！

1

清潔な瓶にレンズ豆を大さじ２杯ほど入れる。水を入れ、一晩吸水させる。水切りネットをかけ輪ゴムで口を止める。

2

１日２回、水ですすいで水をしっかりきる。瓶を横にして豆を広げておく。

野菜プロフィール

難易度レベル
★☆☆☆☆

おすすめ時期：水が腐りやすい真夏はさけ、通年可能（生育温度 15 ～ 20℃）

必要なもの：500ml 程度のビン、水切りネット、輪ゴム

収穫までの日数：3～7日くらい

育てる環境：室内どこでも。
風通しが良い場所がいい。

「レンズ豆」からスプラウトを収穫

3

早ければ翌日発芽する。寒い時期は３日程度かかる。

4

早ければ３～４日、寒い時期は１週間で瓶がパンパンになる程に成長する。

5

ザルなどにあけて流水でゆすぎ、茶色い皮をあらかた落としてから食べる。生でも食べられるが、豆の部分が硬いのでさっと煮て食べると良い。発芽させているため、30秒くらいで火が通る。

意外にも和食味に合う スプラウト

お肉やソーセージと
煮込み料理に
よく使うレンズ豆。
吸水せずに使えて、
他の豆類より気軽です。
西洋料理にすることが
ほとんどですが、
レンズ豆スプラウトは、
和食の味にも馴染みます。
かつおぶし
30秒
冷蔵庫で保存
かつお節と一緒に
30秒くらいさっと煮て
水気を切って、冷蔵庫に保存
(だいたい1週間保存可能)。
白和えにしたり、
そのままお醤油を
かけて食べても
本当に美味しいです。
舞茸とレンズ豆スプラウトの
「白和え」
お醤油味が
ミョ〜に合う♡

「白菜」は芯から再生できる

まるでお花が開くように、ミニ白菜ができてきます。

1

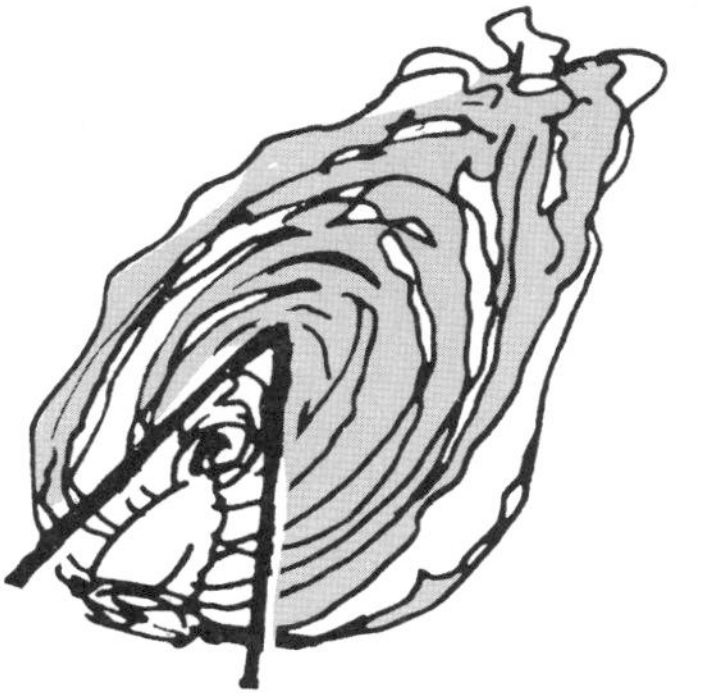

先端の方の小さい葉を少し残すようにして、白菜の芯の部分を切り出す（半分でなく¼カットの白菜でもできる）。

2

容器に芯の底が濡れている程度に水を入れて毎日取り換える。

野菜プロフィール

難易度レベル
★☆☆☆☆

おすすめ時期：10月下旬～3月（生育温度15～20℃）
必要なもの：マグカップやグラスなどの容器、水
収穫までの日数：2～3週間
育てる環境：室内の日当たりの良い場所。

3

2～3週間くらいすると葉が育ってきて収穫できる。

水栽培はじつは透明なグラスより光を通さない器の方が良い。栽培過程で芯の黒ずみも気にならない。また、発根を促すには暗い方が適している。

4

途中で芯の周りの葉が茶色くなったらポロリと取れるので、随時洗いながら落とす。

5

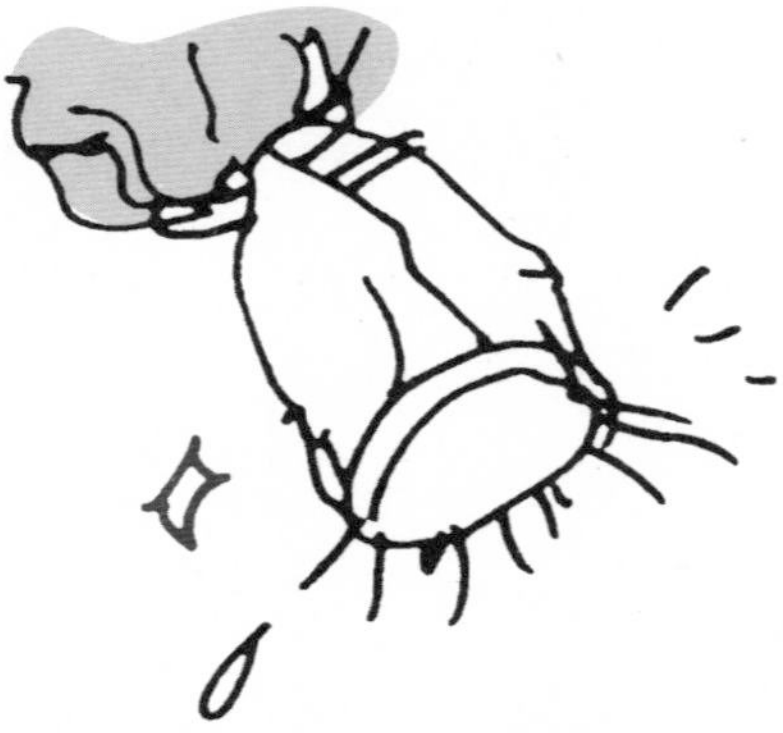

1カ月くらい育てていると根が出てくるため土植えも可能（春に菜の花が咲く)。

育ってゆく姿が本当に可愛い

白菜の再生栽培は、たくさん収穫できるわけではありません。でも育つ姿を見るのが本当に楽しいです。

ココが育つ
ミニ白菜完成!

じゃ〜ん
まるで緑色の花が咲いたよう。

収穫は1回だけで、終了なのですが、アブラナ科野菜は生命力が強いので、
じ〜っっ!

かわいいわぁ〜

2〜3カ月くらいは水栽培で鑑賞できます。

野外の畑で大量に育てる場合とは違い、じっくり野菜の様子を観察できるのは目の届く場所での「小さい栽培」だからこそ。

夜食のワンタンスープにちょこっと入れたり♪

大事に大事に食べたくなります。

根元から再生する「リーフレタス」

芯の中央から新芽が出てきます。
気温が低めの時期がおすすめ。

1

リーフレタスの外側の数枚の葉は食べて、その根元から6センチくらいを使う。

2

容器にレタスの底が5ミリ程度浸るくらいの水を入れて、毎日取り換える。

野菜プロフィール

難易度レベル
★☆☆☆☆

おすすめ時期：10月〜5月（生育温度 15 〜 20℃）
必要なもの：マグカップやグラスなどの容器、水
収穫までの日数：2〜3週間
育てる環境：屋内の日当たりの良い場所。

3

5日～1週間くらいで中央から新芽が伸びてくる。

4

途中で茶色くなった切り口の葉はハサミで取り除く。

5

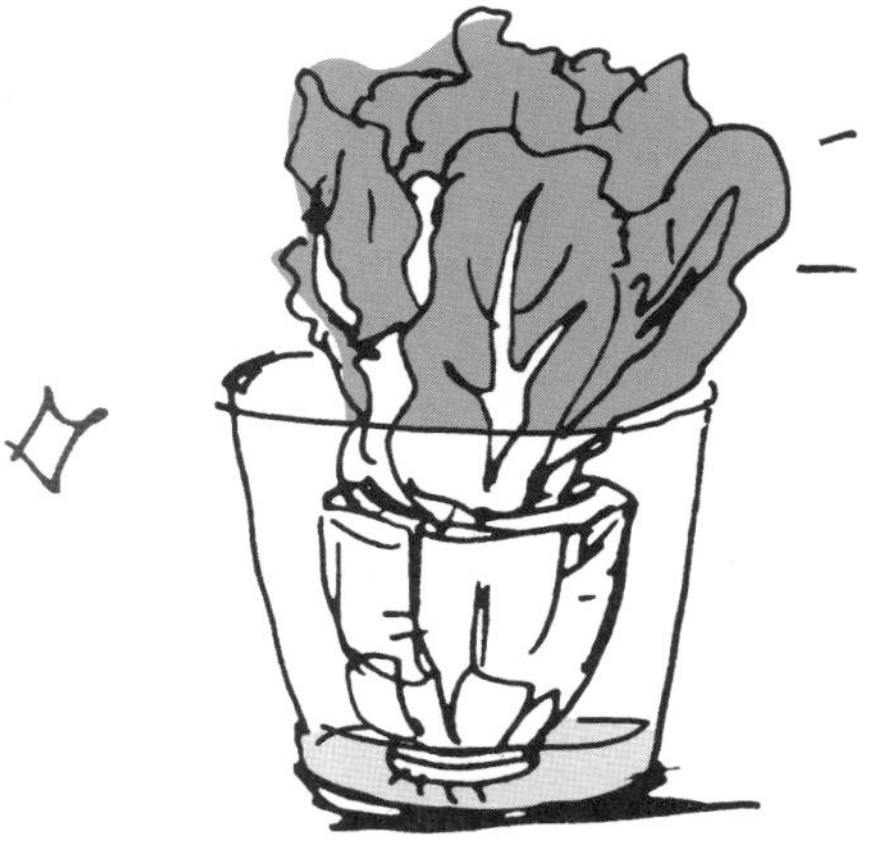

数枚の葉が5センチくらいに伸びてきたら収穫する。

おまけ

セロリの再生

セロリも根元の部分から同様に栽培可能です。発根したら土植えし、長く楽しめます。

レタスチャーハン

再生レタスは、栽培のために残しておいた根元部分も一緒に、丸ごとよく洗って食べています。
丸ごと！
ココも！
私がよくやるのは「シラスと卵レタスチャーハン」卵を2個使って、ふんわり仕上げてレタスは最後に加えます。
ゴマ油を最初にたっぷり入れてから
味付けは、シラスの塩分があるので最後にお醤油をまわしかけるだけ。
レタスのシャキッとした歯触りが加わるだけで、長ネギなどを刻んで加えなくても◎
＼大満足～!!／
小さい収穫でも有意義に味わえます。

「根野菜の頭」に注目!

大根、ビーツ、ニンジン、カブなど根野菜の葉を収穫できます。

1

大根は葉つきのものをつかう
ビーツ

根野菜の頭の部分を2センチくらい切って水につける。水は毎日取り換える。

2

新葉は中央から出てくる

外側の変色してしまった葉は、こまめに取り除く。

野菜プロフィール

難易度レベル
★☆☆☆☆

おすすめ時期:ほぼ通年(生育温度 15 ~ 25℃)
必要なもの:容器、水
収穫までの日数:2週間~
育てる環境:室内の日当たりの良い場所。

3

食べられそうな大きさに生長したら、ハサミでカットして収穫する。根の部分が黒く変色するまで繰り返し収穫できる。

4

大根は２月頃栽培を始めると、春に菜の花が咲く。これも食べられる。

おまけ

ニンジンの花を楽しむ

ニンジンの頭を水栽培して、葉を薬味やトッピングで楽しんでいると、発根してきます。

土植えしたら、とても力強く葉が育ち、綺麗なレース状の花も咲きます。

発根する。

プランターに
土植え。

レースの花。

葉っぱの楽しみ方いろいろ

私のおすすめはビーツです。赤い葉脈がとても美しい。頭が残っていれば、冷蔵庫の中でも生長してしまう健気さです。
葉っぱだけのサラダでも急に華やかに♪

手軽で、便利に使えるのがニンジン。ほんのりしたセリ科の香りも素敵です。
意外にベンリ♪
ソースのあしらい
デザートのトッピング
パセリのように、ソースに入れたり料理のあしらいにちょっとグリーンが欲しい時やデザートのトッピングにもおすすめです。

おなじみの大根の葉もお味噌汁、雑炊の具にしたり。
ナナメにcut
ちょっとお遊びで、斜めに切って盆栽風に育てても。

Column

種採り

F1 種からの種採りは通常は不可とされています。理由は、P32 のコラム「再生栽培とは」で書いた通りで、「固定種」と違い、親と同じ形質にはならないから。でも私は採種した種から普通に栽培し、ほぼ遜色ない野菜を収穫しています。また、8代くらい採り続けると、その環境に適合し形質も安定してくるそう。あの小さい種に記憶されてるなんて神秘的です。

野菜により種の採り方は違いますが、基本は枯れて茶色くなってから採ります。軸やさやなどから外し、さらによく乾燥させ、湿気が入らないよう乾燥剤などを入れた密閉容器に入れて、冷蔵庫の野菜室で保存します。

保存できる期間は野菜にもよりますが、保存状態が良ければ普通に２～３年くらいは大丈夫です。

生の野菜から種を採る時は、よく洗ってから乾かします。

良いタネを「形、重さ、大きさ」で判断

欠けていたりいびつな形のもの、水に入れて浮いてくるもの、明らかに小さいものなどは排除します。

タネの休眠期間

成熟にしたがって自然に休眠するのを一次休眠、これに対して種子がある不利な条件に遭遇した場合に、それに耐えようとして入る休眠は二次休眠と呼ばれています。例えば涼しい気候を好むレタスは、気温が 25℃になると休眠態勢に入り発芽率が低下、30℃で発芽が抑制されます。植物の生き延びる知恵なのですね。

未熟果からの種は採れない

未熟な早どりで食べる野菜は、種も成熟しておらず発芽率が悪いです。キュウリはじつは「黄瓜」。成熟し黄色く大きくなったものから採種します。他に緑のピーマンなども未熟果です。

おわりに

少し以前に近所の大型園芸店やホームセンターが立て続けに閉店となり、私は気楽に野菜の苗やタネを買いに行けなくなってしまいました。環境の変化で、一層この栽培方法が私の菜園生活になじんでいます。

再生栽培は「あるものでまかなう」栽培。既成概念を外して、見落とされていたものに命を吹き込む感じは、普通の栽培とはひと味違う楽しさです。野菜の命を２００％活かしきっている清々しさもあります。

そして健気に広げた新芽は見惚れるほどきれい。生育の様子をじっと観察していると、命の本質とは「生きようとすること」「美しくあろうとすること」かもしれない、なんてことをふっと思ったりします。私にとって観ることは大事な収穫です。

「自然」とつながる野菜栽培はセラピーでもあります。私はコロナ禍が始まった頃にYouTube動画で発信を始めました（「食&植チャンネル・大橋明子」）。書籍とは違い細かく伝えられない点もありますが、動画ならではのわかりやすさもあると思います。よかったらぜひ本書と合わせてチェックして下さい。

野菜栽培に正解はないと言われますから、私の方法以外でも上手に育つやり方があると思います。一例として参考にしていただき、ぜひご自身でも試行錯誤をしてみて下さい。私も日々実験中です（笑）！

本書は、健康保険組合の冊子「すこやかファミリー」連載の「ベジタブル再生栽培」の原稿に大きく加筆修正したものを含んでいます。２年間伴走くださった研友企画出版の菅原慎一さんに、この場を借りてお礼申し上げます。私の出演していたテレビを偶然みて、この本の企画をくださった産業編集センターの敏腕・編集者の福永恵子さん。励ましの言葉で温かく見守っていただきました。素敵なデザインをしてくださった清水佳子さん。そのほかお力を貸してくださった全ての方に、心から感謝申し上げます。

そして一番はこの本を手に取ってくださった皆様へ。本当にありがとうございました。読んでくださる方たちの収穫する姿を想像しながら書いていました。

皆様の大豊作を心からお祈りしております！

大橋明子

大橋明子 Akiko Ohashi

東京生まれ。イラストレーター。

家庭菜園&料理愛好家。国際中医薬膳師。実験気分、意外な野菜をキーワードに再生栽培の魅力を雑誌やWEB他メディアで紹介している。

著書『食べて育てる しあわせ野菜レシピ』（集英社インターナショナル）は料理本のアカデミー賞と言われる「グルマン世界料理本大賞2017」でベジタブル部門で第1位グランプリ受賞。他に『うきうきキッチンガーデン』（家の光協会）、『おどろきいっぱい野菜畑』（光文社）などがある。

YouTubeやブログでも、再生栽培の成功のコツとシンプルな料理レシピを発信中。

ホームページ：ohashiakiko.com
YouTube：「食&植」チャンネル・大橋明子
ブログ：ohashiaki.exblog.jp

観《み》て楽しい 育てて美味しい 野菜の再生栽培

2021年7月14日 第一刷発行

著 者 大橋明子

写真・イラスト 大橋明子
ブックデザイン 清水佳子
編集 福永恵子（産業編集センター）

発 行 株式会社産業編集センター
〒112-0011 東京都文京区千石4-39-17
TEL 03-5395-6133
FAX 03-5395-5320

印刷・製本 株式会社シナノパブリッシングプレス

ISBN978-4-86311-305-3 C0077